光文社知恵の森文庫

刈部山本

埼玉「裏町メシ屋」街道旅

光文社

まえがき

本当に埼玉でいいんですか⁉

本著の企画を聞かされた時の、それが正直な感想だった。本当に埼玉を食べ歩くだけの1冊が上梓される日が来ようとは、埼玉で生まれ育った身には信じられなかったのだ。

たしかに、映画『翔んで埼玉』がヒットするなど、メディアで埼玉という文字を見かけることに、あまり違和感がなくなってきている。しかしそれは最近の話で、千葉でもそうなのだが、東京を取り巻く県は長年、東京より劣るという劣等感を持ち、東京を憧れの的として捉えてきた。

自分自身、同人誌とかミニコミ誌といった媒体で、食べ歩きのレポートを綴《つづ》って自費出版してかれこれ15年以上になるが、その多くは東京を題材としてきた。しかし東京と言っても、グルメガイドに出てくるような銀座や渋谷といった繁華街ではなく、前著『東京「裏町メシ屋」探訪記』にも記したような、足立や臨海部の工場街といった、あまり雑誌などではクローズアップされない場所を中心に取り上げている。時には埼玉や千葉を扱うこともあるが、そういった街を取り上げるのは、やはり雑誌やテレビなどで普段見かけないような場所だからこそ、ミニコミ誌で取り上げる使命があると勝手に思い込んでいるからにほかならない。だって、有名な繁華街のことが知りたければ、情報誌を買えば済んでしまう。そこにミニコミ誌である必然性はない。

だが、世の中はそうは見てくれない。これまでに稀《まれ》だが、出版関係の人に自著を見てもらう機会があったりすると、八潮《やしお》とか書かれている表紙を見て、「ここどこ?」とか聞かれ、「知らない地名を取り上げても誰も見てくれないよ」と指摘される始末。そんなこと分かってるよ。知らないからこそ、知ってもらう必要性が出てくるんじゃないか。知ってるものを発信することは、情報じゃなくて、確認っていうんだよ。なんて言葉は口には出さずグッと胸の内にしまったが、これは今でも自分がミニコミ誌を発行し続ける最大の動機になっている。

埼玉の地名を挙げるだけでこの言われようだから、到底埼玉ネタだけで1冊なんて状況には程遠い。かの『翔んで埼玉』だって、元となった魔夜峰央《まやみねお》の漫画が生まれた80年代は、テレビでは埼玉と口にしただけで、ダ埼玉(ださいたま)と揶揄される時代だった。訛っているだけでバカにされるという地域性に限らず、茶色っぽい服を着ているだけでジジクサイと言われたり、3高（高身長・高学歴・高収入）というものがイイとされて、それに満たないくらい学歴が低かったりすると、何かにつけて差別されるというのが当たり前の時代だった。だから、中央である東京がエライことになっていて、少しでも言葉遣いとかファッションなどに地方性が見え隠れすると、一気に、ダサい！イモだ！といって、自称ナウい連中がマウントを取ってくる。

今から考えたらあり得ないくらい差別が横行していたわけだが、特に埼玉についてこれを助長させたA級戦犯はタモリだろう。今では好感度がかなり高く、人を卑下することなんて微塵も言わなそうなイメージが付いているが、ダ埼玉という言葉の生みの親こそタモリであり、『笑っていいとも！』などでもことあるごとに、川口駅の次の西川口駅は必要なのか？と発言しており、今で言うディスりは相当ヒドかった。

別にタモリ批判をしたいわけではなく、差別的表現を笑いのネタとすることが当たり前だったということ。社会全体に意識が低かったこともあるが、タモリはそもそも深夜枠のイメージがあり、ちょっと揶揄《やゆ》するような奇抜な発言で、一般というより少しマニアックな層の支持を集めていた。当時は深夜ラジオが全盛で、若い芸人やミュージシャンがリスナーと等身大に好きなことを言えるラジオが人気を集めていた。タモリの人気がオールナイトニッポンで火がついたことを思えば、当時の差別的な発言も時代的なものと理解できるのではないだろうか。

そういえば、『なぜか埼玉』を歌ったさいたまんぞうは、タモリのオールナイトニッポンがきっかけでデビューしたはずだ。今となってはダ埼玉発言をしたタモリは、埼玉を全国に知らしめた英雄的な存在であり、埼玉への貢献度は計り知れない。

このように、かつては散々ディスられた埼玉も、そのお陰で今は魅力を再認識されている。以前は負の要素だった田舎的要素も、さらに地方にある他県と東京との間の郊外にあって、独自文化として花開いたものがたくさんある。以前はダサイとして県民ですら目を背けていたものが可視化され、誇れる文化となっている。

それは一体どのようなものか。東京や他県の人はもちろん、当の県民ですら気づいていない文化がまだまだあるはずだ。個人的に馴染み深い川口や大宮は元より、川越や熊谷といった名の知られた土地以外にも、私鉄の急行が止まらない駅や、電車では行きづらいエリアにまで可能な限り足を向けてみた。そこかしこに眠っている埼玉の魅力を、掘り起こす旅に出るとしよう。

埼玉「裏町メシ屋」街道旅

目次

指圧
整体

第三章

109

ラーメンショップ路線バスの旅

郊外ロードサイドの象徴「ラーショ」を味わい尽くす!

冷し
期間限定
500円
和風

神田カレーグランプリ優勝店
52店舗出店中
コエドビール
COEDO

第六章

239

広大なるフライ文化圏

行田・熊谷・深谷の駄菓子メシ「フライ」を求めて

第七章

本文デザイン｜Malpu Design（佐野佳子）　写真｜寺島崇、刈部山本　地図｜菅原県

第六章
熊谷市
行田市
羽生市
加須市
滑川町
鴻巣市
久喜市
幸手市
山町
吉見町
杉戸町
東松山市
北本市
白岡市
宮代町
鳩山町
桶川市
伊奈町
蓮田市
坂戸市
川島町
上尾市
春日部市
山町
鶴ヶ島市
松伏町
川越市
さいたま市
日高市
越谷市
吉川市
ふじみ野市
狭山市
富士見市
三郷市
三芳町
志木市
蕨市
川口市
草加市
入間市
戸田市
八潮市
朝霞市
所沢市
和光市
新座市
第四章
第三章
第二章
第一章

上里町
本庄市
神川町
深谷市
美里町
長瀞町
寄居町
皆野町
小川町
東秩父村
嵐
小鹿野町
ときがわ町
横瀬町
越生町
秩父市
毛呂
飯能市
第七章
第五章

[註]
写真や価格は、一部再訪問したものを除き、
『デウスエクスマキな食堂』2011年夏号~2017年夏号発行時のものです。

第一章 工場労働者が支えた川口

大衆食堂の記憶と、共働き世代の子供の聖地「ぼったら」

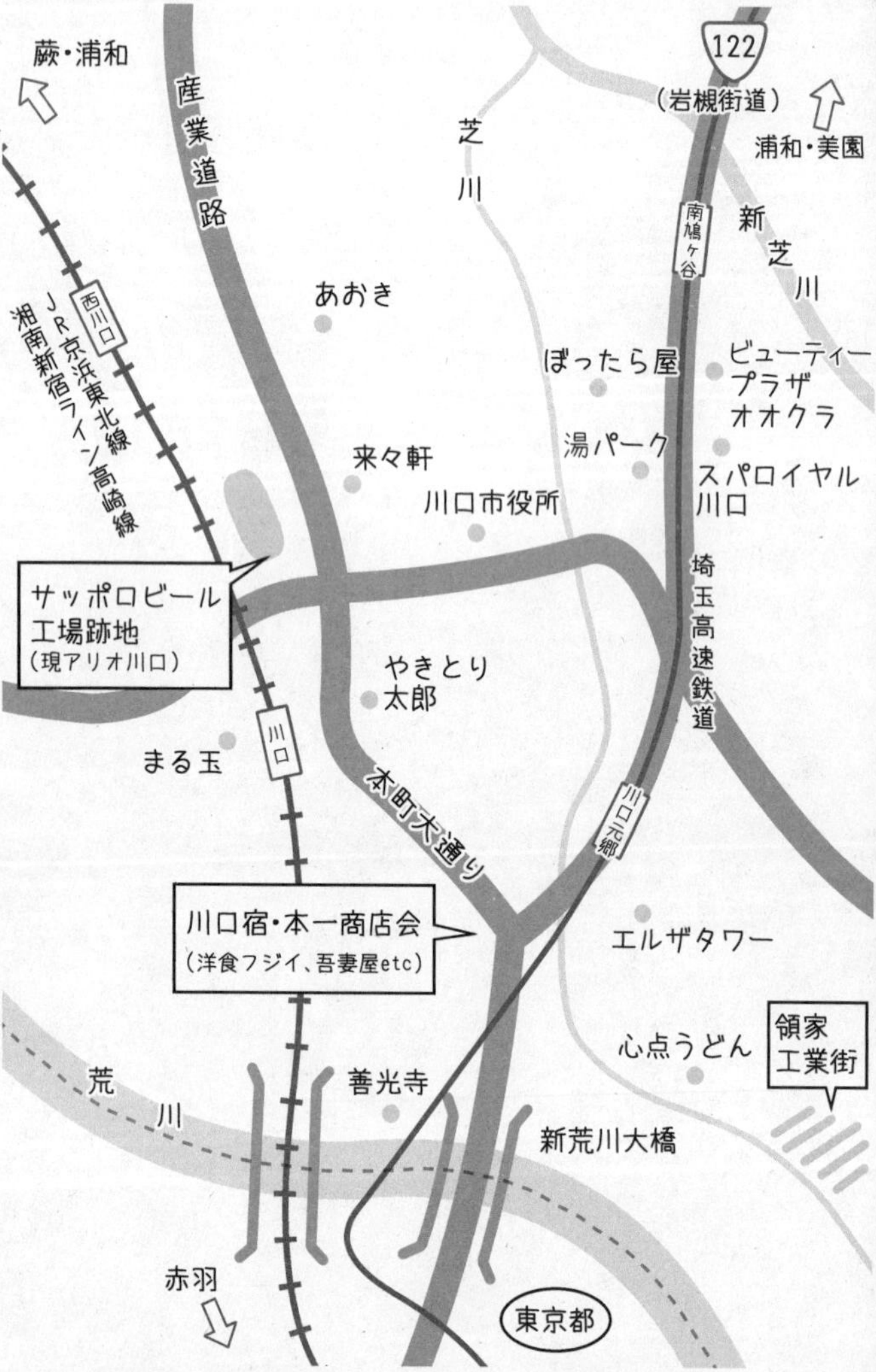
蕨・浦和
産業道路
芝川
122
（岩槻街道）
浦和・美園
南鳩ヶ谷
新芝川
西川口
JR京浜東北線
湘南新宿ライン/高崎線
あおき
ぼったら屋
ビューティープラザオオクラ
湯パーク
スパロイヤル川口
来々軒
川口市役所
埼玉高速鉄道
サッポロビール工場跡地
（現アリオ川口）
やきとり太郎
まる玉
川口
本町大通り
川口元郷
川口宿・本一商店会
（洋食フジイ、吾妻屋etc）
エルザタワー
領家工業街
心点うどん
荒川
善光寺
新荒川大橋
赤羽
東京都

工場勤務者が支えた街

前著となる『東京「裏町メシ屋」探訪記』は足立区を最終章にして終えたわけだが、その中で少しだけ川口市に足を踏み入れている。川口は東京の赤羽と荒川を挟んだ向かいにあり、埼玉でも南端に位置している。北区とは大きな川を隔てるが、足立区とは小さな水路が境となっている場所が多く、足立区だと思っていたらいつの間にか川口市に入り込んでいるということがままある。

川口というと、どのようなイメージをお持ちだろうか。まずなんといっても、吉永小百合主演の**映画『キューポラのある街』の舞台**でしょ。キューポラというのは鋳物《いもの》工場にある溶解炉のことで、工場から煙突が伸びている光景が川口の象徴となっていた。といっても、鋳物なんて特に若い人はピンと来ないかも知れない。型にドロドロに溶けた鉄など金属を入れて冷やして製品を作るもので、その型を鋳型ということから出来た製品を鋳物と呼ぶ。鉄瓶からマンホールの蓋《ふた》、車のホイールなんかも鋳物で出来ていて、戦後復興の際に色んな工業製品で鋳物が用いられたため、川口にたくさんの鋳物工場が出来て、経済が発展したってわけ。

工場というのは製品処理や洗浄、冷却などに多くの水を使うので、荒川の**水運に恵まれた川口**は恰好のロケーションだった。それに製品や材料を運ぶ道路が整備され、車で東京へのアクセスもいいとあって、周囲に倉庫や市場も出来、ロードサイドに工場勤務者やトラックドライバー向けの飲食店も出来、住む人も増えて団地や市営住宅が建ち並び、街が発展していった。

そんな街で生まれたのがこの私。小さい頃は工場勤務者が大挙して訪れる**町中華や食堂があちこちに**あった。**夜になるとスナック**に明かりが灯り、成長とともに大通り沿いに**ファミレスなどのチェーン系の大型店**が続々出来ていく姿をリアルに体験した。

しかしその後、公害問題が深刻化し、バブル時期くらいからいわゆる３Ｋ（キツイ・キタナイ・クサイの頭文字）の仕事としてなり手が減り、崩壊後の不況を受けて工場がどんどんマンションに建て替わっていった。自分はちょうどその端境期に小・中学校と過ごしたので、マンションの新興住民と長屋や団地の従来民の間で格差が生まれる独特の切なさを身をもって感じた。自宅は零細の町工場だったのでもちろん長屋や団地組。マンションが出来るとわざわざ見に行ったり、マンションの子の家に遊びに行く時は、手を洗ったりキレイな服に着替えさせられたりしたものだ。家に上がるとお母さんが若くてシュッとしていて、レースの紙の上にブルボンの「ルマンド」なんかのお菓子が並んでいてね。電話の受話器やドアノブなんかにもレースのカバーが掛かっててなんて洒落てるんだ!って別の人類というか宇宙人でも見るような感じでカルチャーショックを受けたなぁ。「マンションの子」って響きがそうした時代を象徴しているね。なんか今でもキュンとなってしまう。

東京の北区と川口を繋ぐ荒川を跨《また》ぐ新荒川大橋の橋上から、**エルザタワー**という超高層マンションを見たことがある人もいると思う。あれこそ正しく鋳物工場跡に建ったマンションの象徴で、エルザのある場所というのは今でも鋳物工場が残っている川沿いの**領家《りょうけ》工業街**。前著で川口市に足を踏み入れてしまった道というのは、足立の倉庫街からその領家を抜けて川口駅へと至る道路に当たる。ここを走っていると、川口の**過去と今を時間旅行**しているような気分になる。というわけで、ここから埼玉で4番目に広いという川口の街を縦断していこう。

パチンコ屋の駐車場でうどん⁉

レッツゴートゥ、パチンコ、ふっじぃぃぃぃぃぃぃぃぃぃぃ！　とニイチャンがシャウトする声をご存じの方は、川口在住歴が長いか、AMラジオリスナーだろう。AMで15年くらい前まで長いこと独特すぎるCMを打っていたパチンコ店がこの領家にある**パチンコふじ**。同時期に街中には頻繁に宣伝カーがそのシャウト音を爆音で流しながら走り回っていた。あの頃は平和だったというかなんでもありというか、知人が初めて川口に降り立って目にしたのがこの宣伝カーだったので、どんなカオスな街なんだと思ったらしい。とはいえなんでパチンコ屋の話をするのかというと、ここの駐車場の片隅に建っている**プレハブチックな小屋**は景品交換所ではなく、うどん店だったりするからだ。実は前著P347、足立区のラーメン店雪国でも触れたが、パチンコ店やホームセンターの駐車場脇に売店や屋台が出ているというのは郊外ではよく見かける光景なのだ。

心店《しんてん》うどんの中はL字カウンターで10席ほどだろうか。隅に券売機があり、周囲には「腰打心麺」なる四字熟語が異様に躍っている。なんだかよく分からないが、ここはうどんを食うしかねぇ！と、看板メニューらしき**牛汁心麺**（並530円）を冷やしで注文。すると店のニイチャンが麺を茹で上げ冷水で洗い、冷蔵庫から麦茶ポットに入った汁をかける。そしてその上に牛丼の具を乗せた。

牛肉も多そうで、なかなかワイルドなビジュアル。食べてみると、うどんは確かにエッジが立っているものの、想像してたような目のギュッと詰まった小麦感はなく、ポクポクとコシも風味もない食感。

しかし食べているうちにポクポクの食感に慣れてきた。汁は塩つけが強く、ダシ感は弱いが、メリハリのある味が、うどんとシャキシャキのキュウリを食べやすくまとめている。牛丼は甘辛で柔らかく、うどんにかかってもうどんも汁も殺さない、**これはこれでジャンクな一杯**になっている。

帰り際、ひとりパチンカーが入

心店うどんのジャンクな一杯

ってきて、つまらなそうに飯を食ってる姿も様になっている。店を出ると、宣伝カーが駐車場の薄暗い片隅にポツンと停められていた。その後、パチンコふじは店を閉じ、同時にここ心店うどんもなくなってしまったが、その宣伝カーの光景は、なんとなくこの結末を予感していた気がしてならなかった。この車は、確かに川口の一時代を担っていた。

かつての川口宿、本一商店会

領家工場街を抜けると、新荒川大橋の袂《たもと》に出る。ここを走っている大きな道路は川口市のほぼ真ん中を縦断する国道122号。岩槻街道とも言い、歴史ある街道筋であることは、現在の車の行き交う姿からは想像できないだろう。

この岩槻街道に出た辺りが昔の宿場町、**川口宿**《かわぐちしゆく》に当たり、**善光寺の門前町**として栄えた。ここが川口の中心地だったという。その中に存在する**本一**《ほんいち》**商店会**は、今となっては寂れた商店街にしか見えないが、**看板建築や立派な蔵**など、そこかしこに往時を偲ばせる名建築が現存している。しかしここ数年のスクラップ&ビルドは甚《はなは》だしく、どこにでもありそうな住宅に店舗建築が建て替えられ、町並みが激変している。

この10年ほどの内に写真に収められた建物を見ていくと、重厚な木造建築の接骨院があり、その奥の蔵が和食店としてリノベーションされている。蔵へと至る路地に続く、レンガパターンの壁が幾何学的で見事！　ほかには元豆腐店と思しきコインランドリー、錆び具合が絶妙なトタン張りの理髪店、２階の銅葺《どうぶ》きが歳月を感じさせる薬局と並ぶ。その薬局には古い看板が掲げられたままとなっていて、まるで時が止まっているかのよう。

見事なレンガパターンと銅葺き薬局

商店街の出口、北端にも歯抜け状態ながら看板建築が散在する。深い緑の銅葺きが見事な洋品店があり、その隣の**江嶋屋**は1階こそ現代風に

江嶋屋と洋品店

リフォームされているが、2階は往時の銅板が残り、特に戸袋は見惚れるほど凝っているのだ。ある台風の翌日、その江嶋屋に足場が設けられ、網が被せられていた。遂に解体かと心配したが、なんと剝《は》がれかけた銅板を修復していると職人さんが教えてくれた。剝がれたら危険だし、周囲はどんどんマンションに替わる中、こうなったら撤去するかと思いきや、往時の姿を維持し続けるオーナーの心意気に感服した。

老舗のしっとり柔らかコッペパン

本一商店会に1868（明治元）年から営業しているパンの**吾妻屋**《あづまや》があった。ご家族で営まれている、いわゆるフツーの町のパン屋さんで、**古ぼけたイイ感じのショーケース**に調理パンが並ぶ。大抵はお母さんが店に出ているのだが、奥の作業場に全員入りっぱなしのことも多く、大きな声で呼ばないと出てきてくれない時もある。作業中はオジチャンがハイヨってちょっと面倒くさそうに出てくるのだが、それも含めて楽しみたいところだ。

名物のコッペパン（120円）はとにかくデカいんですわ。焼き立てを買うと袋が水滴で曇るほど湿っているのだけど、噛む必要がないほど柔らかくて「甘ぁ〜い！」と絶叫したくなるほど。数十円プラスしてジャムなどを塗ってもらうシステムなのだが、パンそのものの素朴な味わいが好きで、いつもお店には悪いと思いつつもプレーンばかり求めてしまう。

店ではこれより小さめのドッグパンを用いて、ハムカツパ

吾妻屋名物コッペパン

ンとか焼きそばパンとか作ってるんだけど、自分はこの超デカのコッペパンに、肉屋で揚げてもらったコロッケを丸ごと2個とか、ジャンボチキンカツを丸々1個勝手に挟んで、**自家製カツサンド**を作っている。これが派生して、自営していた珈琲店「結《けっ》構人《こうじん》ミルクホール」（注：2016〔平成28〕年閉店）では、ジャンボチキンカツを挟んでチキンカツサンドとして提供していた。ド直球な男の子味にファンが多い一品だった。

自分自身、川口を離れて久しいが、聞くところによると閉店してしまったようだ。あの湿ったパンが食べられないのも残念だが、川口にとってとても大きな文化的損失に思えてならない。

街の洋食屋の実直な仕事っぷり

本一商店会で1950（昭和25）年より現役の街の洋食屋として営業を続けているのが**洋食フジイ**。軒先にある日替わり定食の案内が目を引くが、ひとまず入口脇のショーケースを覗いてみる。定番のハンバーグやらスパゲティに並んで**ハヤシライス**があるじゃないか！　洋食屋でハヤシライスというのもなんともベタだが、ショーケースのそれは**ライスがまるでカレーピラフ**、いやそれ以上に黒ずんでいた。フツーのライスではなく、何か特別に炒めるなり仕事を施しているのだろうか。

店内は薄暗く仄《ほの》明るい照明が昭和を感じさせる。テーブル席がメインで、小さなカウンターはおあつらえ程度。店内にも日替わり定食の案内があり、生姜焼きという響きに弱い身としては後ろ髪を引かれる思いだが、初志貫徹、ハヤシライスをオーダー。

家族経営のようで、注文を取りに来た奥さんと娘さんが、昼営業終了間際だったからか遅いお昼を取っていた。厨房ではご主人が自分のハヤシライスを作ってくれている。ジュージューと派手な音もするので、これはピラフを炒めているのか、期待が膨らむ。

で、やってきました、ハヤシライス600円……ガビーン。**ご飯白いじゃん！**

ディスプレイのそれはどうやら経年劣化なようで、実に定番のものが目の前で湯

洋食なのにお新香と味噌汁

気をたてている。量的には成人男性にとって足りないのは明らかで、視界に入る日替わり定食の手書き文字がなんともニクイ。

さて食べてみると、久々のハヤシライスとあって、その酸味が鮮やかに脳天を直撃した。酸味はもともと得意な方ではないので最初面食らったが、食べ進むとその**懐かしい食感**に匙が止まらなくなってきた。ビター感が強く、油っこさも適当。べったりとしたしつこさはないのだが、ビター感と酸味で満足感はある。あぁ大盛で食べたい。付け合わせが味噌汁にお新香というのがいいじゃないですか。絶対合わないのだけど、こういうところではその存在が必要であって、期待通りのあたたかな味わいでほっと一息つける。

これは是非アツアツの生姜焼きも食べてみたいところ。どれもそつがないプロの仕事なんだろうな。飾らないで当たり前のことを当たり前にやる店が目立たない昨今、実直なプロの仕事を続けて頂きたい。

再開発の進む駅前、建物の隙間に……

本一商店会を出ると**本町《ほんちょう》大通り**が延びている。ここを真っすぐ進むと川口駅に出る。駅南口は周辺のビルへとデッキで繋がっていて、地方の中核都市によくある風景が展開する。キューポラのある街を知る人が初めて川口に降り立つと、あまりに近代的に再開発された光景になっていてビックリするんだそうな。結構最近まで駅近くに鋳物で作られた製品も扱う金物屋がいくつか散見できたが、気づけばどこも閉店してしまい、鋳物の街の面影はスッカリ消え失せてしまった。

大宮に**いづみや**という**老舗の大衆酒場**があるのだが（詳細は後述する）、かつては大宮以外にも京浜東北線沿線に支店を展開していて、ここ川口にもあったらしい。だいぶ前に閉店したようだが、ビルだらけでアチコチでよく見かけるフランチャイズ系の飲食店ばかりがオールスター状態で入る駅前の今の光景からは全く想像が出来ない。どこにあったんだ?って探したことがあるが、痕跡はついぞ見つけられなかった。

それでも、スタバなどが並ぶ今の川口にあって、工場がまだあった頃から営業を続け、往時川口の面影を残している飲食店はわずかながら息づいているのだ。

川口駅東口が再開発で様変わりしていく中、30年以上地元民に愛され続けているテイクアウト焼き鳥店**やきとり太郎**がある。スーパーとコンビニの狭間で小ぢんまりと営業しているが、自分が小学生の時から既に存在しており、確か初めて食べたのは小学2年生の時。10歳にもならない子供が昼から焼き鳥立ち食い?と思われるかも知れないが、それが川口という街。

これまで父親に連れられて近所の焼き鳥屋でひな正や皮は食べたことはあってもカシラのような焼きとんは初めて。ここのは串に**大ぶりのカシラ**(豚の頭)肉が隙間ないくらいにギチギチに刺さっている。甘辛くてトロみのあるタレがかかっているのだが、これに多量の七味をかけて軒先にある小さなカウンターで1本頬張る。これが子供の間で受け継がれる**川口っ子の食べ方**。

こんな手練《てだれ》のオッサンみたいな食べ方を誰がマスターしたのか知り得ようもないが、自転車に乗れるようになると駅前に来てはこうして買い食いするというのを友だちや上級生から教わる。肉のジューシーさに加え濃いタレの甘みがピリッとくる七味の辛さでグッと締まるという、**ジャンキーでもあり贅沢でもある**という不思議な味わいで、すっかり魅了されてしまった。さらに外で串だけをワイルドに立って食べるなんてことは、家庭では経験できないこととあって、子供心に衝撃を受けたものだった。

現在もやきとり太郎は変わらずこの場所にあるのだが、今では楽しみ方が変わってきている。一見、テイクアウトのみの焼き鳥店と思いきや、正面左手に隙間があり、そこにサラリーマンなどの大人が吸い込まれていく。従業員の通用口にしか見えないが、客も行き来しているのでついて行ってみると、なんと店の裏が客席になっており、**飲み屋として営業**していたのだ。

奥に行くほど空間が狭くなっており、まさしく**建物の隙間**にカウンターと椅子を置いているだけの状態なのだが、昼間から客がひっきりなしに入ってくる。空いてる席を見つけ着席。メニューを見ると、串焼きとビール程度と思

建物の隙間に飲み屋が！

いきや、ツマミやサワー類から日本酒、本格焼酎までとかなり充実している。

焼き物を数本（1本100円）頼み、焼いてる間まずはキムチ170円と**ホッピー370円で乾杯**。辛味のしっかりしたキムチで、実にホッピーが進む。最初の一杯でもジョッキの半分くらい中身が入っているが、**お代わりすると9割**くらい入ってる！川口の酔客のレベルが窺える。恐るべし！

すると焼き物登場。ド定番のカシラとネギをタレで。お決まりの七味をかけて頂く。嚙みしめるたびに口中にじんわりと染み渡る肉汁と脂身のコク。あぁ、これこれ。一気にあの頃に戻ってしまう。

そして今度は塩でもカシラを試してみることに。初めて塩で頂いたが、なんと**味噌ダレ**がついてきた。これは焼きとんの街として知られる埼玉県の東松山でのスタイルと一緒。つけて食べてよし、味噌ダレだけで酒のアテにしてよしと、さまざまのバリエーションが楽しめる。

ベッドタウンとしてすっかり近代的に再開発され、昔ながらの店が姿を消す中、やきとり太郎は建物をリニューアルしつつも商売は変えず、かつての川口の空気を漂わせている。建物の隙間でいつまでもいてほしい。

サッポロビール工場見学会の思い出

川口駅東口から北へ徒歩で5分ほどの場所に、アリオの巨大なショッピングモールが存在する。ココに至るまでの道、産業道路という表通りを通ってもいいが、並走する裏道がある。そこには車輪を模したモニュメントがあり、路面は線路のような模様が刻まれている。アリオが建つ土地には２００３（平成15）年まで**サッポロビールの工場**があり、工場へと至る貨物の**引き込み線跡**が整備されているのだ。今でも京浜東北線の車窓から枝分かれする線路の高架跡が窺える。

工場見学会は宴会状態

年に１回、ＧＷが過ぎた頃に**工場見学会**が催されていた。これに参加しないのは市民としてモグリだと言わんばかりに、朝から多くの人が押し寄せ、場所取りをして各所でちょっとした宴会が始まる。親と出かけなくなる思春期を過ぎてもしばらくは父と一緒に赴き、1杯無料のビールとジュースで乾杯し、つまみに手羽先を食べ、ケンタッキーのハッピーバーレルくらいの大きさのビアクラッカーを買って帰ってくるのが楽しくてしかたなかった。

閉鎖される年の工場見学会の時には既に父は亡く、最期をともに過ごすことは出来なかったのだが、思い出とばかりに、父の前では決して口にしなかったビールを飲み、ビアクラッカーを買って帰ったのを思い出す。

そんなことがまるでなかったかのように、現在そこに建っているアリオはあっけらかんと佇んでいる。平和の象徴のように、青い芝の上に若い親がいて、その子供が走り回っている。そんなアリオに用はないと思っていたのだが、かつて川口駅西口にあった、**まる玉**《たま》というラーメン店が支店を出していた。2000（平成12）年に入って以降に流行った**鶏白湯スープのラーメン**を早くから提供していた先駆け的存在で、今でも両国などに店が残っているが、川口に本店があった。なのにその西口の1号店は閉店。アリオ内の店舗も気づけば撤退。川口はどーして文化の発祥を易々と手放してしまうのか。行政のせいではなく店側の大人の事情なのだろうが、何やってんだと、ついバカヤロー!と叫びたくなってしまう。

奇跡的に残る町中華でチャーハンを

そんな現アリオの目の前、ビール工場のあった時代から営業を続けているのが**来々軒**《らいらいけん》。アリオの前から周辺を見渡しても、どこに店があるのか探してしまいそうになるが、交差点角、ビルの狭間で押しつぶされそうに佇んでいる。さらにどこにでもありそうな屋号で、人に説明するのがこれほど困難な店も珍しい。しかし、今ここにこうして残る奇跡的風景を前にすると、よくぞ続けてくれたと、畏敬の念を抱かずにいられない。

さて、いざ店を前にするも、メニューも何も外には表示がない。すりガラス越しに垣間《かいま》見える店内入口脇に営業中の札。暖簾《のれん》は中に仕舞われた営業中は中休みなのか判別がつかない。暖簾は出ているのでひとまず入店し、店の奥に声をかけると、女将さん登場。無事、食事にありつけそうだ。

ビルの狭間に佇む来々軒

手書きメニューの渋さ

　全体に焦げ茶で統一された店内は思ったより広く、カウンターのほかテーブル席が3つ、縦に並んでいる。**卓上にはスポーツ新聞**がプリセットされ、店奥のTVには昼のワイドショーがかかっていた。いいね、ほっとできる空間だ。**壁面には手書きのメニューがズラリ**と並び、タンメンなど定番の麺類のほか、丼物、炒め物の定食メニューも充実している。この辺のラインナップはやはりビール工場勤務者が昼に来て食べた頃の名残だろう。日替わりの定食に麺類一品つけたりする光景が目に浮かぶ。

　こんな由緒正しい町中華ではやはりアレを試したい。ご主人らしきオヤジさんが軽妙かつワイルドに振るう中華鍋からこだまする炒（チャー）の音が店内に響きだす。

　チャーハン650円は、玉子多めのナイスビジュアル！　ほぐすと湯気が立ち上り、柔らかめにホワンと炒められてると分かる。食べてみると案の定のシットリ加減で、かといってベチャッとはしておらず、焦げもなくムラのないステキな炒め具合！　油も適度に効いていて満足度はあるが、底に溜まったりしていない。やや薄味気味の塩加減も絶妙。具はホカホカの玉子以外は細かなチャーシュー程度で、スペシャル感はその仕上がり同様望むべくもなく、それが却って**期待の少し上を行く**といういい塩梅となっている。

これまでも、なんでもない町中華のチャーハンで素晴らしいものを幾つも食べてきたが、それらと比較してもホントなんでもない塩梅はズバ抜けている。そんな味ながら、フツーにウマかった！という記憶だけは鮮烈に残る一皿。会計時少しだけお話を伺うと、**かれこれ45年**ほど営まれているそうだ。自分と大して変わらぬ歳月をこの土地で生きてきたんだなぁという感慨とともに、これまで足を踏み入れなかったことを後悔するのだった。

「ぼったら」があった頃

アリオから東へ少し行くと川口市役所の庁舎が見えてくる。昨今のビル型ではなく、ある意味敷地を広く贅沢に使った**昭和モダンな建物**で、子供の頃親に連れられてくると、食堂や売店に立ち寄るのがとても楽しみだった。

そんな市役所も現在建て替えが進んでいるが、周辺にある職員や来庁者向けの食堂も徐々に姿を消している。この辺にはほかに駄菓子屋もかつては多く存在していたが、今は見る影もない。

自分が高校を出てしばらく、1995(平成7)年くらいまでは駄菓子屋が残っていたと記憶しているが、川口の駄菓子屋は一般的にイメージされるものとは少々性質を異にしている。前著の向島《むこうじま》の章でも触れたが、駄菓子屋には鉄板があり、そこでもんじゃを焼いて食べるのだ。生前父に話を聞いたところ、川口育ちの父も子供の頃から食べていたと言うから、今のようなパッケージされた製品の駄菓子が流通する以前、戦前から小麦粉を水で溶いて余ったクズ野菜を混ぜて鉄板で焼いて子供に食わせるような駄菓子が存在していたのだろう。それが川口では**「ぽったら」**という名で、そのほかの向島や千住、浦安などでもその名が使われていたようだが、パッケージの駄菓子と混在するような形で平成の前半くらいまで生き残っていた。今でもこのスタイルの駄菓子屋は群馬の伊勢崎《いせさき》などでわずかだが営業している。

放課後に溜まる場所としてぼったら駄菓子屋は大人気。ヤンキーにも人気で、毎月第3土曜には集会所になるほどだったが（その日に知らないで行くとエライ目にあうのだ）、ぼったら以外にも駄菓子屋は時代に応じてトレンドを取り入れ、子供のハートを鷲摑《わしづか》みにしていた。インベーダーゲームブーム以後、駄菓子屋の軒先にゲーム台が設置され、人だかりができる。すると、**パッケージ駄菓子＋ゲーム台＋ぼったら**という3つを複合させた駄菓子屋も登場し、子供にとっては浦安のネズミの城より夢の国に映ったものだ。

そういう駄菓子屋があると噂を聞いては、友だちと放課後に自転車をかっ飛ばしてアチコチに遠征に行くのだが、市役所からさらに東へ行った、芝川という当時かなり汚かった川を渡った先にある店は、ガンダム人気を頂点としてプラモデルブームが到来していたこともあり、ゲーセンでありプラモ屋であり駄菓子屋でもあるという、小学生にとってかなりワンダーランドなプレイランドということで遠方まで噂を轟かせていた。

行ってみると、砂利敷の**空地にプレハブ小屋**が建ったような店で、敷地に入ると廃棄されたインベーダーの筐体《きょうたい》とかが山積みになっていた。

駄菓子屋で食べた「ぼったら」はこんなイメージ

店内は**半分がプラモコーナー**で、ガンプラなどロボットアニメもの以外にも種類はそこそこあって、天井に完成した戦闘機なんかが吊るしてあった。**もう半分のゲーセンスペース**とは店の奥で繋がっていて、駄菓子も少し置いてあって、常備されたポットから駄菓子カップ麺を作ってズルズル啜《すす》りながら友だちのプレイを眺めたりしていた。

中学に上がった頃に一旦店はなくなったが、しばらくしたらアルコールも出す月島スタイルのもんじゃ屋に。店頭にはぼったらの文字が躍っていたがまだ高校生だった身としては、居酒屋だしそもそもゲーセン時代にぼったらをやってたわけじゃないということで、いつしか記憶から消された存在となっていった。

しかし歳月が流れ、川口のぼったら駄菓子屋が壊滅状態の中、ぼったらを掲げる店はここくらいに。店のオヤジがどうしているかも気になるし、これは行くしかあるめえ。

20年以上ぶりに入ると、**中は完全に居酒屋状態**。鉄板が埋め込まれたテーブルで埋め尽くされている。ちょうどセンター部分に駄菓子のクレーンゲームがあって、これはゲーセン時代の忘れ形見のようだ。メニューもぼったら推しで、オヤジの載った新聞の切り抜きもスクラップされていた。

頼んだぼったらは、確かに大きめの丼にシャバシャバの生地がたっぷり入ったシロモノで、イマドキ居酒屋でこの量で500円とは駄菓子屋価格と言っていい。と、ここまでは良かったが、ソースは後入れだし、丼以外の要素にぼったら感がまるでない。ぼったらは駄菓子屋のオバチャンが**独自にブレンドしたソース味がキモ**なのだ。

しかもデカイ丼のかなりの量を焼くわけだから当然時間がかかる。でも居酒屋だし、チビチビ食べる分だけ焼きながらくっちゃべってると、なくなるのに30分以上を要した。食べきるチョット前になってオヤジが早く焼けと言い出した。残りわずかだったし、もう食べ終わるからそのまま食ってると、「本当は全部一気に鉄板にぶちまけて焼くもんなんだけど」とか言い出し、ガスを止められた。

ぼったらは好きな分量だけその都度焼いて**チビチビ食べるのが作法**とずっと教わってきたし、それで急かされたことなんて一度もなかった。ましてや居酒屋、飲んで喋って1時間も経ってないのにこの仕打ちはなんだ。オヤジに向かって「オマエ、なに中（学校）だ⁉」と言葉が出かかったがすんでのところで飲み込んで店を後にした。

川口で正統な焼き方しててガス止められるとは辱め以外の何物でもない。オヤジはそもそも地元民でぼったらを食って育ってきたのか。にしても、昔からこんなキャラだったろうか？　実はオヤジ、以前から片腕が妙に細く、今回の訪問で確認したが、やはり細いままだった。というのもこれは都市伝説レベルの話だが、その昔、電線に引っかかった凧《たこ》を取ったところ、感電して片腕が異様に細くなったとまことしやかに噂されていたのだ。小学生らしいデマだと思うし、そもそも感電すると腕が細くなるメカニズムがよく分からない。でも子供と凧揚げで遊ぶくらい、優しい感じのオヤジだった記憶があるんだけどな。

ともあれ、月島式の焼き方で食べる居酒屋としてはリーズナブルだし、ほかのメニューも豊富で普通に飲み食いするには使い勝手はいいのではないだろうか。でもぼったらを謳う店まで月島式になっては、川口のぼったら文化は潰《つい》えたと言わざるを得ない。

異様に銭湯が充実する一帯

このもんじゃ居酒屋がある一帯は**朝日**という地域で、現在は

ぼったら感があまりない……？

エリアの真ん中を走る国道122号の下を埼玉高速鉄道が通っているが、それまでは駅から遠いにもかかわらず、**妙に商店が多く栄えていた**印象がある。岩槻街道の周りで川口宿が近いという、その時代の名残なのかもしれない。

今は国道沿いに牛丼チェーンなどが軒を連ねているが（ここにある吉野家はカツ丼を出すような試験店で一時通っていた）、異様に銭湯の類《たぐい》が充実していたのも、やはりかつて栄えた街ならではか。

一番目立つ存在だったのが、**ビューティープラザオークラ**。なんだか流行りの女性向けスパのような名前だが、古くからあるいわゆる健康ランド。サウナも人工ラドン温泉も館内着もついて1日500円と破格な上、川口駅前から送迎バスも出ていて、いつも年配の地元常連で賑わっていた。かなり施設が老朽化しても手を入れなかったのは価格の故か、ある程度のところで見切りをつけようと思っていたのか、壊れた箇所があっても、常連が直さなくてOKとしてる限り続けられたのだろう。休憩室に行った際、まぁ煙草の煙モウモウだったので果たして健康になる施設なのかは疑問だが、それは置いておくとして、水分補給のウォータークーラーが縦型のタワー状ではなく、ラーメン店にあるようなコップで汲んでくる冷水機だった。飲もうにもコップがアチコチに散乱しており、どれが使用済みで使用前なのか、さっぱり分からない。見た目で判断しようにも付いてる水滴がオッサンらが飲んだ後なのか食洗機で洗浄した後の雫なのか区別がつかず、かなりの**緊張感を強いられる代物**だった。そんな状態だったからか知らないが、2014（平成26）年に閉館してしまった。

国道沿いにある**湯パーク**は温泉の湧く銭湯で、温泉は無色透明だがクセはなく、露天風呂まであって今でも地元で人気の施設になっている。

少し住宅街に入ったところにある**バリスパ**は全国チェーンの**やまとの湯**（現在倒産）の21店舗目として2008（平成20）年と比較的最近オープンした。アジアンリゾートをモチーフにしたスーパー銭湯（以下、スパ銭）で、透明感のある茶色い黒湯温泉を掘り当て賑わっていた。子連れが多かったがサウナが強烈に熱かったのが印象的だった。常に賑わっていた印象があったが、オークラと同じ2014（平成26）年に閉じてしまった。しかしその後1年を待たずして、別の会社が**スパロイヤル川口**としてすぐ再開。基本内外観は変わらず今回もバリ風なのだが、温泉を使用した炭酸泉が出来るなど新た

ビューティープラザオークラ

温泉の湧く銭湯「湯パーク」

な試みもあって、個人的にはより寛げる施設になったと思っている。

オークラがあった頃は、銭湯と健康ランドとスパ銭という異なる施設が近くに集っていてとても興味深かったが、銭湯とスパ銭が残ってくれただけでも有り難いと思わなくちゃいけないかな。

30年越しの初入店

スパロイヤルの辺りから再び芝川を渡って戻ると、青木という最寄りでいうと西川口駅に近いエリアに出る。ここが私の故郷で、小学校もここにあった。場所柄、機械の音がして夜が明けていくなんていう、インダストリアルなノイズ音楽のような凄まじい校歌だった。準工業地帯だったため、光化学スモッグ警報が頻繁に発令されていたという、映画『メトロポリス』のような環境だったわけだが、その小学校へ行く通学路にあったのが、**御食事あおき**。

小学生の時から正直**ボロっちい感じ**で、こんな食堂誰が行くんだと思っていたが、それからカレコレ30年近い時が経って、思い返してみると、超ステキでユルい極上の時が流れてそうな食堂だなって思えてくるようになるから不思議だ。そもそもまだあるのかなと、ふと思い出して行ってみると、おおっ、まだやってるよ！

この、**青空にポツンと佇む平屋建て**。そこに消えかかった「あおき」の文字。外壁はサイディングして一部改装はされてるけど、存在感は時が止まったかのように全く変わってない。

まさか自分が暖簾をくぐる日が来ようとは、あの日のオレに教えてやりたい。オマエ、大きくなったらあすこ、行くんだぜ！って。入ると、テーブル1〜2卓ほどの雑然とした暗い超狭小店舗を老夫婦が経営……なんて光景を失礼ながら勝手に想像していたが、実際は外観からは想像できないほど広く、手入れされた内壁も古びておらず清潔で、家族経営だろうか、フロア担当の女性も自分と同年代くらいに見えた（同級生だったりしないかと一瞬ビビった）。8割方お客さんで埋まり、昼時とはいえ活気に溢れていた。いや〜、全然ディープじゃない。まさかあの箱の中にこんな世界が待っていようとは。江戸川乱歩のトリックにでもかかったような錯覚に陥った。

厨房側の壁上部に手書きのメニューが並ぶ。そんなに種類は多くないが、**和定食が中心**で煮魚が人気のようだ。日本酒とビール、サワー程度だがアルコールもあり、切干し大根・生揚げ・小松菜・かぼちゃ煮あたりがアテになりそう。朝早く夜は8時までと閉まりが早いが、**夕暮れ前に軽く一杯**やるには持ってこいかもしれない。奥に小上がりもあるようだし。

客層は郵便配達や信用金庫の外回り系の、紺の厚手のジャンパーの人が目立つ。一人や二人連れ程度で取り敢えず昼飯を胃袋に収めるといった感じだろうか。厨房からは男性二人くらいでひっきりなしに鍋を振るう小気味良い音が響いてくる。それをBGMに新聞を読んだりNHKの連ドラを見て待つことしばし。

豚肉生姜焼定700円の登場。一枚一枚に厚みがあり、脂身の少ないしっかりした肉。結構質がいいんじゃないかなぁ。タレは濃い味でややしょっぱめながら、焦げた部分との相性がいい。ジンジャー感はほとんどないが、豚焼肉としては大満足。これはイイ。

こういうのは千切りキャベツとやっぱよく合う。肉とタレが絡んだところにキャベツ挟んでご飯と一緒に食べるともう何とも言えない。また**ご飯がマンガ盛り**みたいに一際デカイ茶碗にたっぷり。おかずや味噌汁との対比がおかしなことになってるよ。しかも量だけでなく、瑞々しく艶やかなお米で甘みもあってもう十分！　付け合わせの沢庵も味噌汁も薄味ながらしっかりしており、全体に大人しいながらも丁寧な仕事に感服して店を後にした。

その後も地元の友人と飲んだりしたが、**レモンサワー片手に**身厚でケチャップたっぷりのオムレツなんぞをつまんでると、これほどほっこりと落ち着く空間はないんじゃないかと思えてくる。トロミの効いたややショッパめの麻婆豆腐は、実に家庭的な感じなんだけど、妙にレンゲが止まらない旨さなんだよね。まさかここを通り掛かるようになってから約30年にしてエラい収穫である。灯台下《もと》暗しも暗すぎるが、後悔先に立たず。また

ご飯の盛りデカ！

帰省がてら一杯やりに来るとしよう。

コラム1

埼玉の熊手市は酉の市ではない!

年末の風物詩といえば、夜空を覆い尽くすようにきらびやかな縁起物の熊手がズラリと神社の参道を埋め尽くす**酉《とり》の市**。威勢のいい掛け声がこだまする中、屋台から発せられる油やソースの匂いに誘われながら、冬物のコートを羽織って人混みをかき分けてそぞろ歩く。

実はこうした熊手市の類は東京下町のみならず、都下や近県で数多く催されている。しかも、11月の酉の日に限らない。埼玉では12月に大宮や浦和などで執り行われている。

自分の出身地である**川口市ではおかめ市**と言う。必ず**12月の15日**に催され、夏に比べて祭りの少ない冬では唯一と言っていいビッグイベントに、12月になると毎年ソワソワしていた。

大人になるにつれ、他地域にも似たような祭事があると知り、酉の市として一番有名で大規模な、吉原《よしわら》に近い千束《せんぞく》で行われる浅草の鷲《おおとり》神社の酉の市に何度も行くようになった。しかし、この吉原の酉の市があまりに認知されているため、ほかの熊手市の類が吉原より低く見られる傾向にある。

川口神社のおかめ市は吉原に匹敵する広さ。なのに、他地域から引っ越してきた子供や、他地域出身の学校教諭が、おかめ市のことを酉の市と呼ぶ。一の酉や二の酉といった酉の日にやるから酉の市というのであって、川口神社のは酉の日じゃないから、断じて酉の市ではない。でも吉原の酉の市がメジャーだから、そっちの呼び名に流されてしまうのだ。

これでは地元に根付いた呼び名が消えてしまう。他所ではどうなのか、気になって調べると、大宮や浦和ではまた別の呼び名がついており、**大宮は12月の10日**に開催されるから**十日市**（とおかまち）、**浦和は12日だから十二日市**（じゅうにんちまち）と、おかめ市の比じゃないくらい独特の呼び方となっている。

これには地元民の間でまことしやかに囁かれる噂がある。夜祭で有名な秩父神社からスタートする神様が、川越まつりを経て、大宮〜浦和〜川口と南下してくるというのだ。だから、開催日が移動距離に比例して2日、3日という間隔が開くらしい。

しかしこの説に自分は否定的だ。だって、川越まつりは10月の中旬頃で、秩父夜祭は12月2〜3日。なんで川越から先にやるのか分からないし、秩父から大宮まで7日で移動できるのに、なんで大宮から浦和まで2日もかかるのか。さらに蕨《わらび》にも小規模ながら同類の市があるのだが、開催日が12月17日と、もう距離も方角も日程もメチャクチャ。

どうあれ、こんなに独自性があって歴史もあるイベント、ほかになかなかない。一応神様が移動するという順に渋々従って、巡ってみるとしよう。

まずは、大宮十日市。

大宮にある氷川神社は、武蔵国に分布する**氷川神社の総本山**。ここで12月10日に催されるのが、十日市。**大湯祭**《だいとうさい》という異名もあることは、ラジオCMでも毎年この時期になると流れるので、知ってるという方も多いかも知れない。

大宮十日市の熊手エリアと「ピットイン」

大宮駅の東口を降りると、既に屋台がズラーッと並んでいる。氷川神社の参道まで1㎞程もあるというのに。人混みを掻き分け参道に出ると、これまた本殿までの長い参道にズラララララ――ッと屋台が並ぶ。お好み焼きや焼きそばなど定番屋台が並ぶ中、そう広くない参道にもかかわらず、アルコール片手にモツ煮などをつまめる簡易居酒屋（勝手にピットインと呼んでいる）も上手いことスペースを作って営業している。

本殿が近くなると、いよいよ熊手のエリア。たくさんの熊手に混じって**神棚**も多く見受けられる。他所ではあまり見たことがなく、十日市の特徴なのだろう。本殿にお参りをした後、絵馬の納め処の先に、古熊手の納め処を発見した。ズラッと並ぶ熊手の中には、大宮ロフトのもあった。自分の古熊手も持ってきたので、下の方にちょこんと納めて、賽銭入れて御礼をする。これで安心して年が越せるというものだ。

次に、浦和十二日市。

大宮の2日後に開催される浦和の十二日市は、浦和駅から南西へ800m程のところにある**調《つき》神社（通称つきのみや）**で行われる。

駅西口を出てしばらくしても、デパートのコルソの周りを囲むように屋台が見受けられるものの、そこ以外に屋台のオレンジの灯りが見当たらない。しかし人出は多く、その人らが向かう方へついていくと、**鶏そば一瑳《いっさ》**という地元では知られたラーメン店がある狭い路地に入っていく。この路地を抜けると、一気に視界が開け、屋台の灯りが沿道を埋め尽くしている光景が待っていた。

お好み焼きや肉の焼き物系といった屋台王道の、醤油やソースの香りに酔いしれながらJKやらなんやらの人波をヨレヨレと進むと、メインストリートらしき、広めの道にぶつかった。通りには歴史ある商店建築が残っている。浦和名物の鰻屋まである。

さらに歩いてようやっと調神社が見えてきた。神社でお参りをして、境内をぶらり。この境内、広いのに加え起伏に富んでおり、回遊式庭園のようになっている。道なりに進むと、小高い丘から屋台と人混みが一望できた。周りに地元ヤンキーのカップルがいたりなんかして、さらにお祭り気分がヒートアップ。

すると遠くから何やら懐かしい呼び込みの声が。川口では2000年代にはなくなっていた、見世物の**お化け小屋**が出ている。興奮気味に近づくと、聞き馴染みのある口上が反響している。入口脇のギミックにビビる子供、背中をつつき合う中学生男女グループ。アツイ、アツイなぁ。

気づくと結構夜が更けてきている。何か小腹を満たして帰ろう。境内を出たところの屋台で**チキンステーキ300円**を甘ダレで頂く。

オーダーが入るとコテで鶏肉を鉄板に押し付けるのだが、この時に出る肉汁が鉄板に滴り、ジュバーッと湯気が立ち昇

見世物のお化け小屋発見！

る様がなんともソソる。食べてみると想像以上にジューシーで、滴る油がドロサラの甘辛のソースに合わさってもうタマラナイ。

しかしこの甘ダレ、太田裕美じゃないけど（ちょっと年代的にキビしいネタか）、味が濃くて喉渇くんですわ。パンみたいなものが味を吸ってくれるんじゃないかと、**信州おやき**の屋台に移動。

ナス200円は、分厚い生地の粉っぽさとモチモチ感のバランスが絶妙。中の餡《あん》はもうナスなんだか分かんないくらいドロドロになっているが、アツアツでメチャメチャ美味しい。最高の〆の一口となった。

次いで、川口おかめ市。

今は生まれ故郷の川口に住んでいないが、12月15日が近づくと川口に帰ってみようかなとソワソワしてしまう。そう、おかめ市があるからだ。

毎年とはいかないが、時折おかめ市に行くたびに決まって目にするのが、大挙して押し寄せるヤンキー。川口駅を出てすぐのデッキ上では、PTAが歩道で腕章をつけてミーティング。ヤンキーと補導員というシュールな終わりなき闘争が今も現在進行形で続いている。

デッキからおかめ市のメイン会場となる**川口神社**へと至る1㎞ほどの道は、相変わらずの人・人・人。いつもは真新しいマンションに囲まれ、見下されているようなうら寂しい道路だが、今日ばかりはこっちが主役とばかりに、発電機により光る裸電球のオレンジの眩い光が通りを輝かしく照らしている。

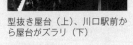

その光の中に下り、人波に飲まれながらドネルサンドや唐揚げの匂いに誘われつつ歩いていると、**型抜き**を発見した。まだ残っていたのか！ 落雁《らくがん》のような薄い板に動物などの形が彫られていて、割らずにキレイに型どおりに抜けると、そのキレイさや難易度に応じて景品（昔はお金）がもらえる。今でも小学生が大勢たむろして画鋲《がびょう》の先で型を真剣な眼差しで切り取っている。

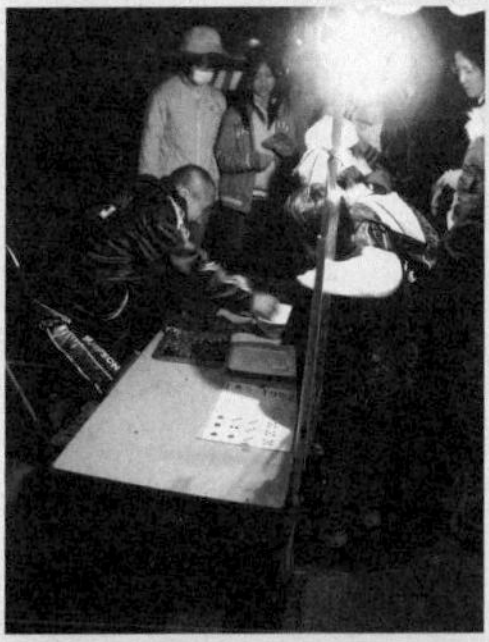

型抜き屋台（上）、川口駅前から屋台がズラリ（下）

人の流れにまかせて屋台を見たりブラブラ。まだ**ミドリガメ掬い**もやっていた。飲み処、通称ピットインも健在。**川口神社真裏にあるせんべい屋**も営業していて、オジイチャンが店に立っている姿を見てホッと一安心。

その川口神社界隈は、立派な和洋折衷の震災後の物件と思しき建築が多く、一部に蔵も窺える。

ひと通りぐるりと回った後、いよいよ川口神社に入る。子供の頃には必ず傷痍軍人がいた門を抜け、未だPC―98みたいなパソコンを使っているコンピュータ占いの脇を通り、お参り。

そして参道の脇にある熊手エリアを抜け、本殿裏手へ回ると、射的屋台が軒を連ねている。景品にAVがあったりするのだが、人前でそこ狙うかね？ 小学生軍団いたら絶対からかわれるし。

ここに以前、**見世物小屋**が出ていた。今でも花園神社（新宿）に来ている興業社が川口にも小屋を建てていた。お化け屋敷と見世物が1年毎に交互に催されたが、小さい頃はなんだか連れ去られる気がして、そのダークサイドな雰囲気が漂う暖簾の奥に入ることが出来なかった。成人して一度入ったが、その時は牛女と蛇女がいた。

入口では、呼び込みのオッチャンがカッパが出るという口上を述べていた。中に入るとステージ上にそれらしき穴があり、蓋がされている。開演前に時折係の人が蓋を開け、中を覗く仕草をするのだが、ショーが終わるまで穴には一切触れず、気づくと終わりの太鼓の音に急かされるように退場させられ、ついぞカッパは出てくることがなかった。しかし怒ってはいけない。旅興行というのはこういうもの、これが大人の社会だと教えられた気がしたのだった。

神社を出て駅へと戻る途中に、いつも立ち寄る**玄米パンの屋台**がある。今ではあまりスーパーでも目にしない玄米パンは、小麦粉に玄米を練り込んだもので、一般的にイメージされるパンというより、肉まんの皮の部分（要は花巻）に近い。

餡入りと餡なしがあり、餡なしには蜂蜜が入っている。生地には黒糖も入っていて甘めなのだが、これに蜂蜜が加わると、甘みが濃厚となる。蒸したての玄米パンの熱気で余計に香りが際立つ。この匂いを嗅いだ瞬間の幸福感といったら、玄米パンを以てほかに代えられない。1個100円程度で得られる幸せ。これに少年時代ヤラれてしま

現存の屋台と、かつての玄米パン

った。

しかし、ある時から玄米パンの屋台は出ているものの、玄米パン自体が市販の五月堂の既製品に切り替わってしまった。五月堂のは、たまに親が買ってくると超がつくご馳走になるほど大好物だったので、食べればこれまでとの味の違いは一目瞭然。屋台の玄米パンはやや粉っぽさが強く、いかにも手で生地を練ったという手作り感が強い食感だった。

もうあの屋台の玄米パンは食べられないのか。気になってアチコチの熊手市の類を探し回ったのだが、あるところで衝撃の事実を知ることとなる。

最後に、蕨、**和楽備神社**《わらび》のおかめ市。

川口の隣町である蕨のおかめ市へ初めて行った時、蕨駅西口を降りても祭りの気配が全くないことに驚いた。

しかし浦和の十二日市の例もあるしと、中山道《なかせんどう》蕨宿へと続く長い商店街を真っ直ぐ進む。目的地の和楽備神社は蕨市役所の近くにあるのだが、そこまでの1㎞ほど、屋台の影も人々の喧騒も全く聞こえてこない。

やっとの思いで境内に辿り着くと、ようやっと所狭しと屋台が並ぶ光景に出会えた。

人混みを掻き分け進むと、あるテキヤに目が留まった。そこには確かに「玄米パン」の文字が。

しかし売られていたのはやはり既製品。落胆した矢先、ふと先客と店のオヤジの会話が耳に入ってきた。なんと、玄米パンを仕入れていた業者が辞めてしまったとのこと！　以前のものも、屋台のオヤジが手作りしてたわけじゃなくて、小規模ながら卸してるところがあったのか。しかも、その業者がこの近く、蕨の南町にあったというではないか。

それ以上は聞けなかったが、多分高齢でリタイアされたのではないか。だから玄米パンをやる屋台も、蕨から比較的近場の川口などにしか見られなかったのか。疑問は氷解したものの、既に食べられないことも確実。なんとも寂しい限りだが、どんなものでも必ず終わりが来るわけで、素直に受け入れるとしよう。

ここの玄米パンも既製品だった……

第二章

西川口〜蕨今昔物語

NK流から大陸中華へ、
激変の西川口周辺を散策する

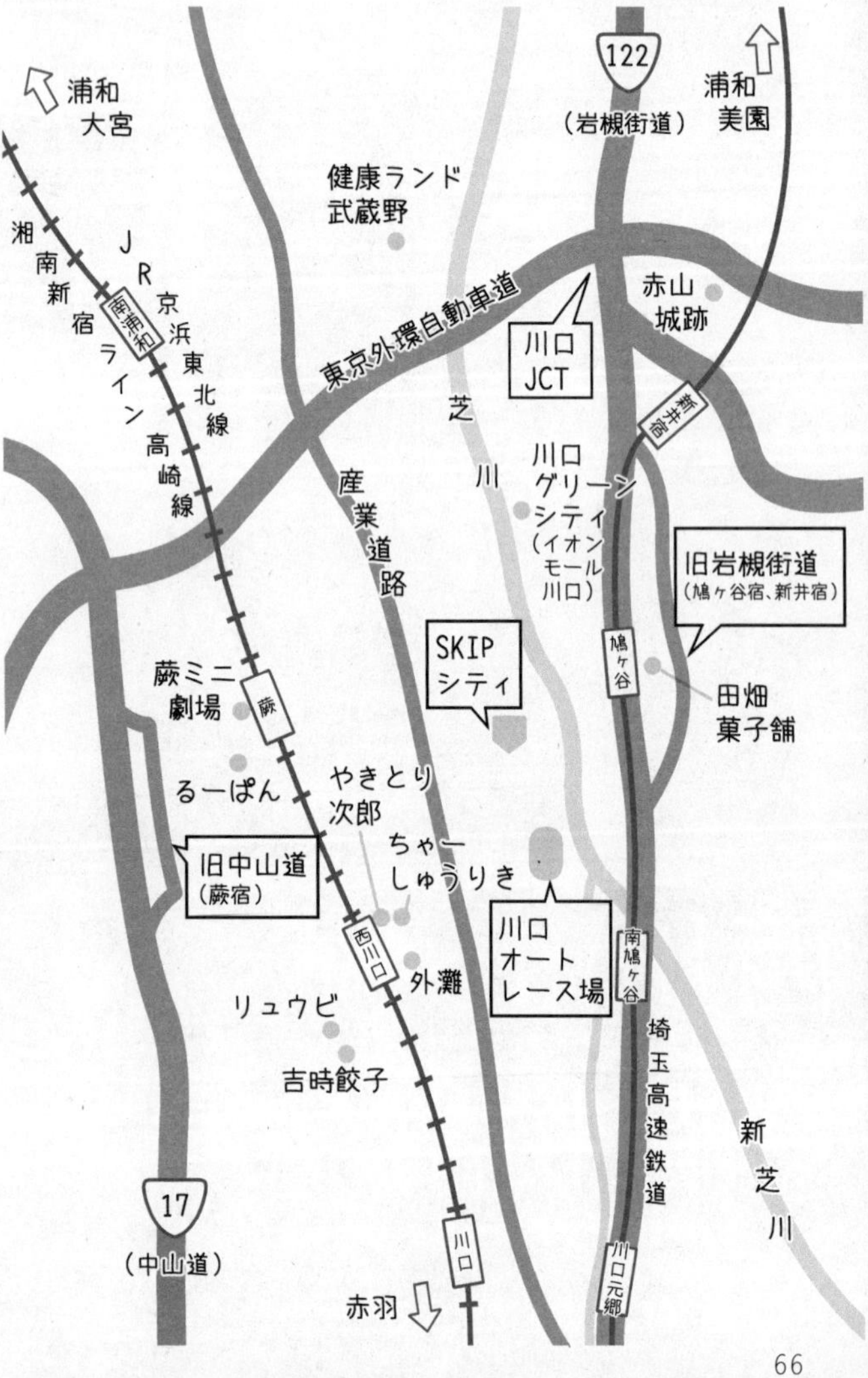
浦和
大宮
122
(岩槻街道)
浦和
美園
健康ランド
武蔵野
湘南新宿ライン
JR京浜東北線
高崎線
南浦和
東京外環自動車道
川口
JCT
赤山
城跡
新井宿
芝川
産業道路
川口
グリーン
シティ
(イオン
モール
川口)
旧岩槻街道
(鳩ヶ谷宿、新井宿)
鳩ヶ谷
田畑
菓子舗
SKIP
シティ
蕨ミニ
劇場
蕨
るーぱん
やきとり
次郎
ちゃー
しゅうりき
旧中山道
(蕨宿)
西川口
外灘
川口
オート
レース場
南鳩ヶ谷
リュウビ
吉時餃子
埼玉高速鉄道
新芝川
17
(中山道)
川口
赤羽
川口元郷

風俗街を抜けてジャンプ早売り

御食事あおき（前章参照）から母校の小学校前を通って道沿いに北上すること10分程で西川口駅に着く。西川口といえばかつては**風俗街**として名を馳せ、どこの出身ですか?と聞かれ西川口というと、ニヤつかれたり、「オレも若い頃はね」なんてやにわにフーゾクトークが始まったりする。フーゾク話でない時でも**オートレースと博打**《ばくち》の話になるので、西川口出身者はいつの間にか川口出身と名乗るようになる。

西川口駅は西口に風俗店が集まっており、駅のホームで電車を待っていると「ゴムつけろ」という内容の看板が目に入ってくるなど、**NK（西川口の略）流**と称された闇本番行為が黙認されている状態だった。あまりにNKが有名になりすぎたか、2004（平成16）年に違法風俗店が一掃され、西口はゴーストタウンと化した。

その後、B－1グランプリのブームを受けて、B級グルメタウンにしようという動きがあり、幾つかの空き店舗にラーメン店などが出来たものの、町おこしには遠い状況だった。

そこに入ってきたのが中国の方々。白タクブークの頃にはイラン人、その後はアジア人をよく見かけるエリアではあったが、隣駅の蕨周辺に中国の方々メインに外国人が多く住む団地がある関係もあり、一部の人が食材店や飲食店を始めた。紹介が紹介を呼び、廃風俗店の空き店舗に中国人が商売を始める店がこの数年で爆発的に増殖し、現在**チャイナタウンの様相**を呈するようになる。

子供の頃は風俗店の客引きが日中から街角にゴロゴロ立っていたが、さすがに小中学生には声をかけることはなく、高校を卒業するくらいまでは比較的自由に街をうろつくことができた。中学生当時は、『週刊少年ジャンプ』が５００万部売れたという時代。正規の発売日より早く売るフライング販売の店があると友だちの間で話題になり、風俗街を抜けた先にある書店が土曜販売すると聞いては、半ドンの学校帰りにきらびやかな風俗店の前を子供が続々と疾走していった。

一時期、**イエローサブマリン**という埼玉は大宮の隣にある宮原に本店を持つ**本格的な模型店**が出店していたり、30分１００円前後でたくさんのカセットが遊べる**グレーなファミコン店**があったりして、風俗街のド真ん中を子供が放課後にうろついていた。

チャイナタウンの様相

今の西川口からはとても信じられない光景だろう。

スーパーで大陸系ファストフード!

西川口以外にも隣駅の川口や蕨にも駅前に総合スーパーのイトーヨーカドーがあった。どれも屋上や最上階にゲームコーナーがあり、放課後たむろするのに格好の場所だった。またフードコートや店先に独自のファストフード店があり、フライドチキンやポテトをたまに買い食いしたりもした。

イトーヨーカドーはディスカウント店のザ・プライスにリニューアルしたが、2018(平成30)年いっぱいで閉店。閉店までの間、フードコートは残っていたと聞いていたが、入っていたテナントはイトーヨーカドー系で多い軽食店のポッポではなく、中国食材を使った**大陸系ファストフード店**というのだ。

この**吉時餃子**《よしとき》を知ったのは、ミニコミ誌を専門に扱う新宿二丁目の模索舎店員のE氏から勧められた、東京近郊の**中華街化した街**にある大陸系飲食店をレポートした『毛友録』という本に載っていたから。

この本は、中国に造詣のある人間が書いているので、資料的にも読み物としても充実している。実はこういう本、作ってみればと知人に勧められたことがあるのだが、自分には知識もなく諦めていた。それが形になって目の前にあることが正直嬉しかった。やってくれたなと。

閉店前にプライスに行ってみると、正面の左手入口から入ってスグ、食料品売場の向かいに本当にポッポみたいな感じで営業していた。よく、ソフトクリームやたこ焼きといった写真つきのメニューが掲げられている頭上部分は、蒸し餃子や焼き餃子のメニューのパネルになっている。カウンターに置かれた惣菜には「大餡韮菜」とか**読めないメニュー**がチラホラ。

ともあれ気になるものを食べてみようと厨房を覗くと、中国人らしき男性店員が出てきた。エビと野菜が入った三鮮蒸し餃子とかいうのをまず頼み、次いでデカくて丸い葱油餅を1つと人差し指で告げた。先のミニコミ誌でも日本語が通じるとあったので、ここまではスムーズにいったが、ここからが大変。

せっかくこういう店に来たのでチャレンジングなメニューを攻めねばと、「**鴨脖**」

ふっつーにフードコート風

2本500円と書かれたソーセージのような細長い肉の写真を指さした。すると店員、ちょっと驚いた様子で、自分の首を指で撫で始めた。恐らく、**首肉だけど大丈夫か？**と言いたいらしい。実は首肉を食べるのがファストフード的に流行っているというのを聞いたことがあるので、その類じゃないかなぁと薄々感じていた。ＯＫと手で合図すると、1本？とさらに聞いてくる。初めてなので1本で頼めるならと1本でお願いする。

会計を済ませ、適当に空いてるテーブル席に着いて待つことしばし。突如、遠くの方から自分を呼ぶ声がした。受け渡し口に向かうと、大きなトレーに載せられたものを見て、目を見張った。さっきカウンター上で見た葱油餅139円、目の前で見るとさらにデカい。それに首肉、切られて出てきた。**ビニール手袋付き**で。これでどーすんの⁇

まず葱油餅。葱って書いてあるから、パイ生地みたいなのにネギがたくさん挟まって揚がっているのかと思いきや、ネギほんのチョット。「おやき」っぽいのを想像していたが、味があるのかないのか、食べててよく分からない。こういう食べ物だと思えば、少々油っこいがフツーに食べられる。

大陸系ファストフード！

で、問題の首肉「鴨脖」。食べ方もよく分からないので、とりあえず箸でつまんで食べてみる。すると骨のところがほとんどで、スジのような身の部分は全くといっていいほどない。時折骨の破片が砕けるが、軟骨のようにポリポリ食べられるわけでもなく、少し身をカジっただけで、大部分がゴミとなってしまった。

いや、コレ絶対もっと食べられる食べ方があるはずだ。と、目についたのがビニール手袋。まさかとは思ったが、片手に手袋をはめて鴨脖をつまみ、食べてみるとこれがさっきより全然身が食べられる！　ウソ⁉　理屈がさっぱり分からないが、とにかく肉を食べられるのだからこうやって食べるしかない。**味はおつまみサラミ的**な、濃いめの醤油っぽいしょっぱさのあるタレが効いており、おやつというより完全にツマミ。ビールに合うと思う。

後に調べたら鴨の首肉らしい。湖北料理の武漢料理で「ヤー・ボー」と読むそうだ。昭和生まれの者には天気予報のマーボーの相方しか思い浮かばないが。

最後に奥の返却口にトレーを返し、厨房にいるお二人に「美味しかった」と親指を立てたところ、スゲーにこやかな笑みで「ありがとうございました」と返してくれた。

なんだか、中国語も分からずに旅行者が**現地色の強いメシ屋**にアタックしたような気分になったが、西川口もそんなバーチャルトリップが魅力な街になったんだと思うと、感慨深い。

ジモティなラーメンカルチャーを満喫

西川口西口駅前のゴチャッと**大陸系中華店が密集するエリア**の中に、アヒルの首肉が有名な専門店**「周黒鴨（ツォヘイヤー）」**がある。どうも本土では知らない人はいないほどの一大チェーン店で、西川口がその日本進出1号店のようだが、こうした状況になる以前から日式の中華店やラーメン店も結構多い場所だった。

風俗街だった頃は客や嬢が夜中に食べて〆られる店が多く、未だに深夜営業を続ける店も少なくない。西口の中心地からほんのチョットはみ出したロードサイドにある**リュウビ**は明け方4時頃まで営業している。仕事が深夜に及んだ時など行く店がない自分を救ってくれた有り難い店でもある。普段はラーメン一杯を脂多めでガッツリ食べて帰ることが多いのだが、一度飲んでみたいと旧友を誘って乗り込んだことがある。

店内は豚骨臭が充満し、どことなくベタついたように感じるテーブルに友人と着くと、自分だけソソクサとトイレの方へと急ぐ。急に尿意を催したわけではない。ここはアルコール類はトイレへ行く途中にある**冷蔵庫から勝手に取って、後で精算**するシステムなのだ。

「チューハイでいい？」と自分と友人の分を取り出し、通常は冷水を入れるコップに缶チューハイを注ぎ、乾杯！　あ――っ、知った味の氷結がヤケに染みますなー。この勝手に持ってくるシステム、コンビニでも買える缶チューハイをウマく変えるマジックがある気がする。ＢＢＱとか外で食べると妙にウマく感じるのと似てる気がするが……あ、自分が子供時分に銭湯とか駄菓子屋で勝手に冷蔵ケースからチエリオとか取ってたのが原体験にあるのかも。それがアルコールに代わっただけで。

中国のチェーン店「周黒鴨」

辛めネギチャーシュー300円を注文。こちらのラーメントッピングで定番となっている甘辛いタレで和えた笹

明け方4時頃まで営業

切りネギ、それにムチムチとチャーシューが一緒に盛られただけ。こういうツマミの方が、どこかヤッツケ感があって缶チューハイには合う。
この店ならではの仕込んだ感じがするものも食べてみたいと牛スジ２５０円を追加。こういうメニューを準備するあたり、**完全に飲み客を前提にしてる**よね。ゼラチン質の脂身とスジが半々くらいで甘ジョッパいタレでシッカリ煮込んであってトロトロでマズイわけがない。チョット七味かけても味がしまってイイ感じ。
そしてほどよきところでネギラーメン（並７００円）で〆。豚骨が出て茶濁しているスープも、そんなに濃くはないので、背脂と醤油ダレとバランスよく食べられる。
先ほどツマんだ細切りのネギと赤身主体のホロホロチャーシューをこのスープに混ぜ、

徐々にネチッとしてくる麺とグチャグチャに絡める。今は流行らないが**オールドスタイルの豚骨醤油ラーメン**独特のワールドに仕上がっていく。これがタマランのですよ。

フラフラと友人と連れ立って駅へと地元の歩き慣れた道を歩く感じは、なんともいえない幸福感がある。凝ったラーメンもそれはそれで好きだけど、こういうジモティなラーメンカルチャーも残っててくれないとなとつくづく思うのだった。

東口ロータリーの30年

現在、西川口中華街は駅反対側の東口にも広がっているというので、そっちも覗いてみよう。

駅前ロータリーは以前は川口オートへ送迎する先述の**白タク**が多くあった場所で、電話ボックスの中に入ると**ピンクチラシ**がビッシリと外が見えないくらい張り巡らされていた。

そんな話はふた昔以上も前のこと……と言いたいところだが、なんとな〜くその頃の面影が残っているように感じるのは自分だけだろうか。東口に風俗街はなかったとはいえ、駅出てスグのマックの隣にある新聞売店の奥には**角打**ち《かくう》があった。その名も**愛酒道場**。頼もーなんて気軽に入れる雰囲気はなく、ハンチングかぶったオッサンが酒の自販機に囲まれた狭いスペースで集団でワンカップを立ち飲みしているのだ。

今そこはパチンコ屋とブックオフになったが、ロータリーには立ち飲み焼き鳥店**やきとり次郎**があり、川口オートの行きだか帰りだか分からないくらい、昼から多くのオッサンが飲み食いしている。川口に**やきとり太郎**があるので、西川口が次郎になったのか知らないが、西口にも店舗があり（2019年閉店）、西川口のダークサイドは今も生き残っている。

東口駅前で思い出深いのは、次郎の裏手にあったラーメン店。その名も「**ちゃーしゆうりき**」。嘘みたいな駄洒落店名ながら、実は埼玉には所沢方面に「チャーシュー力」という数店展開するラーメン店があり、オヤジギャグがダダカブリになってしまっている。この辺のセンスが埼玉っぽい。

西川口のちゃーしゆうりきは家系ラーメンで、大きな海苔が目立つ豚骨醤油スープ。昨今よく駅前で見かけるような家系は工場スープが多い中、ここはちゃんと店でスープを炊いていて、店先を通るたびに豚骨ダシがよく出た濃厚スープの香りがしていた。

豚以外に鶏など色々入っているようで、スープをレンゲで掬うと粉々になったダシ殻がたくさん混ざっていて、いつもそれを見るたびニンマリとニヤけていた。

オヤジさんが基本一人で営んでいて、日によって味のブレが大きくて、そこも個人店の味わいなのだが、店名が祟《たた》ったのか、気づけば閉店していた。それでも5年以上10年未満くらいはやっていたか。店内は常に埼玉のＦＭ局ＮＡＣＫ5がかかっていて、そういう店は県内には多いのだが、玉川美沙の鬼玉《おにたま》をよく聞きながら食ったなぁと、閉店した店の前に立つとそんな記憶が呼び覚まされるのだった。

思い出深いラーメン屋

大陸系中華の先駆け

愛酒道場のあったパチンコ屋の向かいに、**外灘（ワイタン）**という大陸系中華のテイクアウト店がある。西口東口含め、大陸系が増える前から営業する、先駆け的な店と聞いたので寄ってみた。

焼き小龍包がメインのようだが、点心のほか、チャーハンや炒めものなどもあり、わずか3席ばかりのイートインスペースで食べていくことも出来るようだ。

焼き小龍包以外は何にしようとメニューを見ていたら、**ぱんぱん巻き**なる謎の揚げ物を発見した。解説を読むと、怪しい日本語ながら、ネギパンで揚げパンを巻いた間に**香菜《シャンツァイ》と辛味噌**が塗られている代物《しろもの》のようだ。パンでパンを巻く？　これは頼んでみないと分からないので、お願いすることに。しばし待って商品を受け取り、近くの公園で食べてみる。

焼き小籠包4個で480円。焼き目がついて周りの皮の部分が香ばしい。噛むと肉汁が出るが、そんなドバドバという程でもない。ネットのクチコミでは肉汁が少ないだのいう向きもあるようだが、あれは日本人向けに肉汁がピューッと飛び出るよう脂を多くしているのであって、ここのくらいで十分。汁を見ると茶色くなっているのだが、醬油系の味付けが餡に施されている様子。テイクアウト店ならではのアイデアか。こういうのは嬉しくなる。

で、お次はぱんぱん巻き。見た目はセブン-イレブンのブリトーのようだが、食べた感じもかなりブリトーっぽい。薄いピザ生地のような揚げパンの中に、少し身厚の生地が丸められたパンが2つ入っている。この間に赤い辛味噌が塗られていて、パン自体の甘みとバランスが非常に良く取られている。さらに辛味噌には緑の葉のような破片が混ぜられていて、この香りが**アジアの風**を強く吹かせている。かなりパクチー。そうか、香菜ってパクチーのことか。ありそうでなか

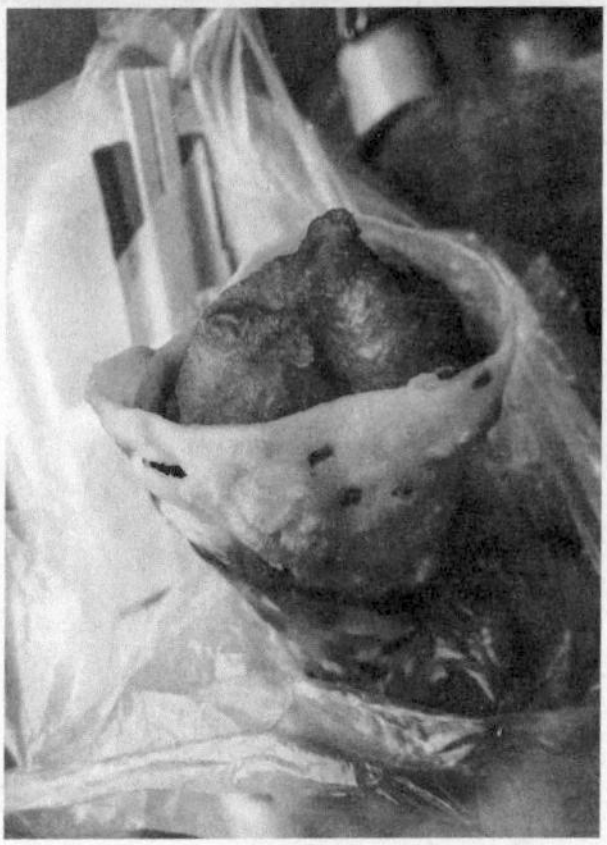

外灘の謎の揚げ物「ぱんぱん巻き」

った味わいで、これメッチャウマくないっすか⁉　なんだか売り方によっては流行りそうな一品に思えた。

川口オートで鉄火場グルメを食す

せっかく西川口にいるのだから、川口オートへ行ってみよう。

実は実家のスグ近くにあるのだが、オート客が駅前で自転車を盗んでは自宅近くに乗り捨てていったりと、時代とはいえマナーが悪く、どうも行く気になれなかった。しかし前著で平和島ボートに触れたように、**公営ギャンブル場には独自のグルメがあり**、近年巡るようになった。特に川口オートには変わった名物が多いと聞くので、急に興味が湧いてきたのだ。

正門を抜けると早速数軒の売店が並んでいる。ここに噂に聞いていた、**キュウリの1本漬け**を発見。キュウリ丸ごと一本割り箸に刺しただけで**調理性ゼロ**、キュウリだけ売っているという状況が単純にスゴイ。オッサンが100円でキュウリを1本買って、予想屋の話なんぞを聞いたりしながらポリポリと齧っている。まさにファストフード。こういう場所で歩きながら食べるとなんともウマく感じられるから不思議だ。続けて**ソーセージフライ**170円を。これまた魚肉ソーセージをただ揚げただけ。このフザけたくらいのシンプルさがたまらない。揚げはかなり薄く、これがもうサクサク。素揚げに近い感覚はよくこのバランスに行き着いたなぁと感心するばかり。ソースはかなりのウスターで、しかもスパイシーさも強めでベタ甘じゃなく、実にこの揚げ具合とマッチしていて異様にハマる。

スタンドにも入ってみよう。有料の特覧席はどうか知らないが、普通に入れる一般席は古いままで、簡単なベンチが並ぶだけの神宮球場とかの屋根なし球場の雰囲気に近い。トイレから何からが**昭和の施設という雰囲気**。リニューアルが華々しい昨今のギャンブル場にあって、ギャンブル場らしさを求めるのであれば最適かもしれない。逆を言えば女子など皆無。でも**オッサンの聖域**が守られているともとれる。

スタンドにも売店があり、シュウマイ串なんてのがあったのでメンチ串と購入。案の定、ただシュウマイに衣をつけて

この潔さを見よ!

シュウマイ串＆メンチ串

串に刺して揚げただけだが、全身を駆け抜けるレースのエキゾーストノートを感じながら頑張るには、これ以上のものはない。

　開催も終わりとなるとアチコチの売店でセールが始まる。西門脇の売店では150円の串モノが100円だったので購入。串カツはタマネギ主体でそんなに大きくないながらも、冷めても衣はガリッとした揚がりをキープし、タマネギもしっかりした食感を残し、噛むと苦甘さが感じられた。

　ほかにも、モツ煮込みや熱燗など温まる一品や食堂で食べる定食など紹介しきれない。2017（平成29）年5月より**ナイターも開催**され、焼き鳥にビール、たまにはコーラなんて合わせながら、おでんも頑張ったりすると、どこかお祭りにでも来た気になる。食べに来るだけでもウエルカムなので、**外飲みの開放感**を味わいたい時にはうってつけだろう。

NHK放送塔クーデター事件

オートレース場の北側に、NHKアーカイブスという過去のNHKの映像が閲覧できる施設がある。ほかに川口市の施設などもあり、総合して**SKIPシティ**と称された広大な土地が広がっている。この土地の北側は未だ空き地となっているが、NHKアーカイブスが出来る前から、ここはずっと空き地だった。いや廃地とでも言った方がいいかもしれない。

すぐ横に幹線道路が走っていることもあって、幼い頃に父親に連れられてよくこの辺りは通っていた。そんな車窓の風景に当時、**謎の物体**を発見した。一瞬、巨石かと思ったが、よく見ると**コンクリートの塊**で、4m×8mくらいだろうか、上部にはフックのようなものが固定されている。ただそこにあるだけで、飾り気もない、だけど謎めいた圧倒的な存在感で、映画『2001年宇宙の旅』のモノリスや、ビデオゲーム『ゼビウス』の地上物を彷彿《ほうふつ》とさせた。

成人してから、間近で見てやろうと記憶を頼りに自転車を走らせてみると、この広大な土地に数基、モノリスが配置されているのを発見した。ただ、沿道にあった一番記憶していた物体は見つけることが出来なかった。

この土地に隣接したところに、岡崎病院という我が家のかかりつけ医があり（現在はデイケアセンターとなっている）、その裏手に、**廃墟**のようなグレーに煤けた学校や病院に見える建物があった。現在は川口衛星管制センターとなっている場所で、父からはNHKのラジオ局があったと聞かされていたが、実際はこの広大な土地に**NHKラジオの送信用鉄塔**が2つも建ち、廃墟はそのNHK川口放送所の施設だったと推測される。コンクリの塊は鉄塔を支える鉄塔基部とワイヤーを固定する支線基礎のようで、2塔あったうちの北塔の基礎だけが現存している。

モノリスのような支線基礎

「魅惑のチリルーム」というサイトの、東京発展裏話8「日本最高のタワーを支えた基礎構造物～NHK川口ラジオ放送鉄塔跡～」によると、鉄塔は戦前の1937（昭和12）年に建てられ、45年間、関東一円にＮＨＫラジオを送信していた。なんと東京タワーが出来るまでは約３１３ｍと日本一の高さを誇る鉄塔だった。

戦後は米軍に接収されるものの、１９６３（昭和38）年から再びＮＨＫラジオ第一放送の放送所として再開。が、**終戦の年に一大事件**が起こっている。８月15日に玉音放送を聞いた一部の陸軍軍人が終戦に反対し、８月24日にこの川口放送所を占拠した。**ＮＨＫの放送をジャック**し、国民に**徹底抗戦を呼びかけ**ようと試みたが、送電が止められ計画は失敗。しかし午前６時頃から約９時間にわたり関東地方一帯でラジオ放送が停波したという。

当時の空気を吸っていたのは、ここに残る数基の基礎のみとなった。１９７６（昭和51）年に老朽化のため北塔を解体、南塔のみしばらく運用されていたが、６年後の１９８２（昭和57）年に、ＮＨＫ久《く》喜《き》菖《しょう》蒲《ぶ》ラジオ放送所に役割が取って代わられ、１９８４（昭和59）年に解体された。自分が廃墟と思っていた局舎建物も１９９５（平成７）年に解体されている。

B-SATの巨大なパラボラ

その場所に出来た衛星放送川口地球局にある放送衛星の制御を行うシステム（B-SAT）の巨大なパラボラが、今は虚空《こくう》を見つめている。

鳩ヶ谷宿・新井宿

SKIPシティから東へ進んだところで、第一章のスタート地点にも走っていた国道122号にぶつかる。岩槻街道の川口宿があったと述べたが、こちらには**鳩ヶ谷《はとがや》宿《しゅく》と新井宿《あらいじゅく》**があった。現在、122号の地下にはSR（埼玉高速鉄道）が走っているが、その駅名となる鳩ヶ谷市は2011（平成23）年に川口市と合併するまでは川口に囲まれた小さな市だった。このあと訪れる蕨市に次いで2番めに小さい市で、過去にも一度川口に編入されるなど紆余曲折《うよきょくせつ》あったが、この両市、とにかく仲が悪い！

川口で育った小学生は社会科の授業で鳩ヶ谷市との確執の歴史を教わるので、合併を知った時は心底驚いた。

鳩ヶ谷駅の隣が新井宿駅で、この2駅間に岩槻街道の旧道が走っている。親戚がこの先の東川口に住んでおり、何かあるとこの旧道を抜けていったのだが、沿道は商店街になっており、レンガ造りの蔵や看板建築など意匠の凝った**重厚な建築群**が連なっていて目を奪われたものだ。それが旧岩槻街道の宿場として栄えた町の名残であると気づくのに、そこから20年近い月日を要した。

鳩ケ谷宿は川口宿より広く、かなり栄えていた。舟運が主流だった江戸期に見沼《みぬま》から通船堀《つうせんぼり》が開削され、市（いち）が出来た。明治に入り、古着・古道具の売買が盛んとなると人口が増えていき、川口宿の１・５倍ほどに膨れ上がったという（合併までは鳩ケ谷市より川口市の方が10倍ほど人口が多かった）。

重厚な建物が並ぶ旧岩槻街道

しかしこの5年ほどでだいぶ風景が変わった。川口市に編入され鉄道も通りマンション開発が盛んになったこともあるが、旧道自体を道路整備し、沿道の建物は撤去を余儀なくされた。

田畑菓子舗という甘味屋がなくなったのがショックだった。１０

0円のアイス最中が名物で、中の黄色みがかった手作り感の強いバニラアイスが特に大好きだった。

新井宿に近いところにあった昔ながらの街のパン屋さん、**丸十マエノベーカリー**は板橋の仲宿《なかじゅく》にもあるマルジューのグループで、買うとその場で切ってピーナッツクリームを塗ってもらうコッペパンがサイコーだったが、こちらは東川口駅近くに移転再開されたと聞いてホッとした。

今はなき田畑菓子舗

さらに旧道を進むと商店が途切れ、花卉園《かきえん》の看板が目立つようになる。植木の町・安行《あんぎょう》が近くなってきた証拠だろうか。ここで、植え込みで巨大迷路でも作ったような小路が入り組む異様な光景に出くわした。**赤山城**《あかやまじょう》という城があった場所で、その堀を植え込みで表現したもののようだ。城址には幾つか行ったことがあるが、このような保存方法はあまりないと思う。

昭和ボーイの憧れの風味

さて西へ踵《きびす》を返すと、芝川の手前に以前**ジャスコがあった**のを思い出した。イオンの前身となる巨大スーパーで、1984（昭和59）年にジャスコと複数の専門店からなる複合施設「川口グリーンシティ」として開業。ショッピングモールの走りのような感じで、開業しばらくは土日ともなれば駐車場への大渋滞が出来るほど。**サーカスが来る**などイベントも豊富で、スーパーとしての機能はもちろん、家電や美容室、病院など生活に必要な買い物とおもちゃやゲーセンといったレジャーが1つの敷地内で済むというのが新しく、ジャスコに行けるというのが当時の子供にとっては超テンションが上がる大イベントだった。

その後イオンモール川口グリーンシティと改名し、2018（平成30）年8月に改装に伴い一時閉店。その直前に行くことが出来たのだが、昔は名古屋のソフトクリームも食べられる甘味食堂的ラーメンチェーン**寿**《す》**がきや**が入っていた。そういうノリのテナントが残っていないかと探してみると……フードコートにあるじゃないっすかー、**ピーターパン**！

ケミカルな味がいいんだよね

たい焼きや今川焼きを売る**ホットスナック**のウォーマーがあり、その前に女子高生が並んでいる。これよ、これ。郊外学生の放課後の正しい姿。焼きそばなど軽食のほか、かき氷やソフトクリームもあるが、こういうところならきっと、アレに類するものがあるはずだ。アレというのはフローズンコーラ。当時ジャスコや忠実屋などの大型スーパーのフードコーナーには必ずあった食べ物というか飲み物で、半分凍らせてシャリシャリになったコーラを太めのストローで吸うのだ。ほかには何故か大型プールや野球場の売店くらいでしか見かけず、自分の中ではハレの日の贅沢品となっていた。

ピーターパンにフローズンはなかったが、**メロンソーダにフロート**を乗せることが出来るのでそれにしてもらった。席についてまじまじと見つめると、黄緑で凄い色だな、メロンソーダって。最初はそれぞれセパレートに飲み食いするのだが、途中からソフトクリームが溶けてきた辺りで混ぜながら飲み、最後はグチャグチャになったのをストローでチューチュー啜る。ソフトクリームは意外とベタ甘じゃないんだけど、どこがメロンだという**ケミカルな味**に乳のコクとさらに甘みが加わった感じに、「ねるねるねるね」をねだっていた昭和ボーイの憧れって風味が漂っている気がするのだ。

キッチュでゴージャス！ 昭和な健康ランド

芝川を渡って西へ、再び京浜東北線の方へ戻ると、川口駅近くの旧サッポロビール工場の前から続く産業道路に出る。ファミレスやリサイクルショップなどロードサイド店が建ち並び、川口駅近くよりもグッと郊外っぽい風景となる。

ここまで来ると川口市も終わり。東浦和にも近い柳崎《やなぎさき》というエリアに入るのだが、ここに**ネオンビカビカ**の看板が眩しい**健康ランド武蔵野**がある。神殿風の、いい意味で無駄にゴージャスな佇まいがラブホチックだが、第一章のオークラに似た、古くから地元で親しまれる健康ランドだ。

円筒形のガラス張りのエントランスから中に入り、ホテルのロビーのような広々とした受付で、**カジノというかパチンコ屋的な制服**を着た女性スタッフに案内を受ける。以前は1995円とオールドタイプの典型的健康ランド価格だったが、1200円に改定し、さらにサービスデーはリーズナブルに入浴できるようになった。

吹き抜けのフロントを抜け脱衣場へ向かおうとしたところで貼り紙が目に留まった。当館のポリシー的なものだが、なんか筆文字で迫力満点。健康に関する自己啓発色の強いアジ文だった。

風呂の水に触れただけで感化されやしないか不安になるが、心配ご無用。浴場は思いのほか明るく、天井もそんなに低くない。全体に古さはなくもないがよく掃除されていて拍子抜けしてしまうほど。センターに円形の風呂があって、ライオンの口から湯が出ているという、全体にローマ風呂的な**ゴージャスな意匠**となっている。

浴槽の種類はジェット系と変わり湯など定番が揃うが、**薬湯が2槽**ありそれぞれ違う薬剤というのが面白い。健康ランドでは薬効がハイパワーでタ○キンが痛くなるタイプが多いが、こちらはそんなに強くないもの。ちょっと安心したが、浸かっているオレの隣でオッサンが執拗に薬の入った袋を全身でプレスしている。オイオイ、そりゃやり過ぎだろうって。薬以上にオッサンのエキスが出てきそうじゃないか。

露天もローマ風呂風というか、神殿の柱みたいなのに囲まれたキッチュなゴージャス感に溢れた空間になっている。擬似温泉浴槽や泡風呂などがある中、露天風呂に浸かっていると、スピーカーからは館内のお知らせや癒やし系のユルいBGMではなく、流行歌最前線とか歌う天気予報でかかっているような歌謡曲がエンドレスで流れている。誰だか分からない男性歌手による歌唱と、妙に軽快なミックスが、似非ローマ風呂の夜空にこだまして、**安らげるかは人それぞれ**だろうが、嫌いじゃない。

この後ドライサウナでテレビを見たりして、浴室から上がる。豪華客船（乗ったことないけど）とかハトヤのような古い観光ホテル的な造りの、やけに広々とした休憩スペースのリクライニングチェアで瓶コーラ飲んだりしてノンビリ。脱衣場の洗面台にはリキッド類が揃っていて、う〜んマンダムなオイニーが漂うのも一興。

昭和なタイプの健康ランドが幸いにして現在進行形で営業し、来客も多くあるのだから、こんな有り難いことはない。

いい意味で無駄に豪華

あなどりがたし、蕨駅

再び産業道路に戻り西へ向かうと京浜東北線の線路が見えてくる。蕨駅の周辺には町中華など個人店や、**珍来**や**ぎょうざの満洲**といった中華ローカルチェーンのほか、23区西部で展開する焼きとんの秋元屋の元祖となった元祖味噌焼きの**喜よし**などがあり、京浜東北線沿線屈指のB級グルメタウンとなっている。

どうしてこんなに充実しているのだろう? 駅前に立つと高層商業ビルなどなく、あまり開発されていないことに起因するように思える。しかし反対側の西口に回ると、1kmほど先の中山道までずーっと続いている商店街はシャッター通り化が激しい。しつとりチャーハンと言えばココ!という町中華など魅惑の個人店がたくさんあったのに、この5~10年で閉店した個人店は相当な数に上る。中山道にあった蕨宿が栄えていた面影はだいぶなくなってきてしまった。

蕨宿は中山道の板橋仲宿に次ぐ**第2の宿場町**。江戸末期より綿など木綿製品の生産が盛んだったようで、七夕祭りは機(はた)祭りと呼ばれ、今でも開催されている。また仲宿にあったような**飯盛旅籠**《めしもりはたご》がご多分に漏れず存在し、とりわけ飯盛女の客引きが強引だったという。

その名残なのか、駅周辺のスナック街には**ストリップ小屋**が存在していた。**OS劇場**は閉館となったが、もう1つの**わらびミニ劇場**は健在なのが、激減するストリップの中で一縷《いちる》の望みとなっている。

駅前商店群から抜けて大通りに出たところにあるのが、**るーぱん**。埼玉を中心に展開する**ピザのローカルチェーン**で、宅配ピザが流行る前から営業している。

ワンコインで食べられるピザから、盛りのいいパスタ、チキンバスケットやハンバーグ、ドリンクバー、アルコールに至るまで**格安**で楽しめる。なので学生が多い。埼玉で高校生くらいになると、友だちの間で必ず噂になり、るーぱんにたむろして駄弁《だべ》るという通過儀礼を受けるのだ。

しっとりチャーハンの池田屋

前金制で、入口のカウンターで注文する。店員のおねえさんがほぼワンオぺ状態でこの日もテンパってた。一応、奥の厨房に調理人が一人いるのだが、これが安さの秘密だろうとはいえ、気の毒になってしまう。

店内はやや薄暗いがファミレスチックなソファーのテーブル席が10卓以上はあるかな。レジで渡された番号札を席に置いておくと、先ほどのテンパったおねえさんが品を持ってきてくれる。

マルゲリータは640円。マルゲリータだからそりゃバキバキの薄焼きで実にクリスピーで焦げた感じも相当香ばしいのだが、ソースも酸味がちょっとあって、少しオイリーでそんなにクセのないチーズと合ってる。昨今のデリバリーの、生地の耳にチーズ入ってたりとか、やたらボリューミーだったりするのとは対極にあるような代物。ピザとかパスタってほとんど食べる習慣がないけど、こうしてたまに食べるものから推測するに、かなり悪くないのではないかと。

アルコールはビールほかチューハイなど一通り揃っているが、**ラムコーク280円**を頂く。甘めでスッキリした想定通りの味。こちらは、甘めのチューハイが多く、以前飲んだチューハイカシス310円もかなり量が多く、チキンバスケットなんぞもツマミつつ、飲み過ぎ注意なほどカプカプ飲めてしまう。

〆に何か食おうと、**ハンバーグステーキ４８０円**を注文。熱々の鉄板にジュージューいってやってきた。**この値段で⁉**と驚くが、ハンバーグもビッグサイズ。結構肉肉しい食感もあって、シンプルなデミグラスソースも好感触。こまっしゃくれたような下手なところで、変なソースとかで食わされるより全然イイ！

久々に地元に帰って旧友と会う時など、るーぱん行こーぜってなるが、来る度にそういう場所が残ってくれている有り難みをピザとともに噛みしめるのだった。

「るーぱん行こーぜ」が合言葉

埼玉といえば外せないのが**東武伊勢崎線**。現在はスカイツリーラインなんて名前が付けられているが、浅草から伊勢崎へ延びているから伊勢崎線でいいと思うのだが、東武はなんとかスカイツリーへ人を運びたいらしい。だったら東武動物公園線にすればいいのに。

ともあれこの沿線、埼玉の東端を南北に走っているのだが、せんべいで有名な**草加**《そうか》や、クレヨンしんちゃんの**春日部**《かすかべ》など、意外といっては失礼だが、県外民にも知られる土地を繋ぐ、県内屈指の交通の要なのだ。そして埼玉東部ならではの独自文化を有しており、本1冊書けそうなほど魅力で溢れている。つぶさに取り上げてるとキリがないので、今回はコラムで触れる程度でお許し願いたい。

伊勢崎線で東京の最北端の駅となるのが竹ノ塚。足立区の中でも団地が多い場所で、埼玉に入ると工場街となっていることは前著でも触れた。

足立区同様、埼玉に入っても伊勢崎線沿線には団地も多く、駅名にも**松原団地**と名付けられていた程だ。ただここは2017（平成29）年に**獨協《どっきょう》大学前駅**に改名されたことからも察せられるように、老朽化や住居者の高齢化などの問題を抱え、昭和の時代に建てられた団地群が解体、街が生まれ変わっている。

それでも団地が出来た頃から地元に根付いた食文化は残っている。足立区からチェーン展開した**珍来**は、伊勢崎線沿線の**駅前に必ずある**といっていいくらい各駅に展開している。団地からマイホームへ、伊勢崎線の北へと宅地開発がされるのと合わせるように、珍来も北へと進出していくから面白い。

珍来の本社は現在、**八潮市**にある。八潮は草加に隣接している、工場が多い街だ。今でこそつくばエクスプレスが通っているが、それまでは陸の孤島といわれていた。そのためか車で移動する人が多く、珍来の本社工場を併設する店舗は八潮ドライブイン店という名前になっている。ドライブインという響きがいかにも郊外っぽいが、実際駐車場が多く、創業昭和3年と書かれた大きな看板がデンと聳《そび》えている。

珍来といえば、戦前から続く太くて縮れた、珍来式**手もみ麺**が特徴で、モチモチとした食感と澄んだ醤油スープが相性

デカイ店名ロゴが目印

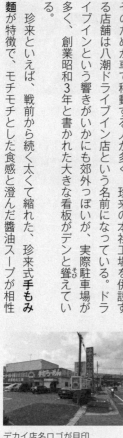

昭和３年創業の味「珍来」

抜群。庶民の味方を貫き通す社風だけあって、今でも創業ラーメンは具を絞ることでワンコインを実現させている。この麺を使った焼きそばも美味。

また中華の基本はチャーハンということで、独立する者はチャーハンの煽り炒めを徹底して教え込まれる。シットリ加減とボリュームに下町大衆中華としての珍来イズムを感じる。直営店では月替わりのチャーハンがあり、香ばしさが際立った醤油チャーハンが今も忘れられない。また珍来といえば、皮が厚くてモチモチでビッグサイズの餃子が名物。草加駅前にも直営店があるが、店頭で餃子を包んでいる姿は埼玉東部の日常風景となっている。

八潮に本店があるものといえば、埼玉中心にロードサイドで展開する喫茶店、**珈琲屋OB**だろう。金魚鉢や洗面器サイズの器で出てくるクリームソーダなど、**デカ盛りで知られる喫茶店**で、一部神奈川や東京にも進出しているが、埼玉東部を根城《ねじろ》として、早朝から夜まで地元民の憩いの場として機能している。

車で近隣から来る客はなんの躊躇《ためら》いもなくデカ盛りドリンクを平らげていく。客が去った後のテーブルを見ると、スッカラカンになった金魚鉢や巨大ボウルに恐怖を感じる。コーヒーは一見常識的なサイズなので、最初のうちは慄《おのの》いてコーヒーばかり頼んでいたが、それでも300~400円で通常の喫茶店の倍以上の量はある。意を決してクリームソーダ680円を頼んだことがあるが、意外と飲めてしまうものだ。帰り道、トイレが近くて参ったが。

ピザやトーストといった軽食も充実し、コメダが関東に進出するより前から、寛《くつろ》ぎ重視の大箱喫茶は埼玉に根付いていたのだ。

洗面器サイズのクリームソーダ!

草加から越谷《こしがや》までの区間には、「**けいとう**」というラーメンチェーンが一時期かなり店舗を増やしていた。天下一品がここまで関東で増える前から、鶏頭と野菜でとったダシで白く濁ったラーメンを出していて、コクは感じられつつもなめらかで軽く飲めるスープが気に入っていた。
このグループはほかに、「**めんくみ**」などの店舗を展開していた。その中の「**ごとく**」は川口にあったので食べたことがあるが、けいとうとは異なる背脂豚骨醤油ラーメンながら悪くなかったものの、やはりけいとうのラーメンが食べたかった。そんな想いとは裏腹に、けいとうは縮小し、このグループのほかの店もあまり見かけなくなってしまった。伊勢崎線沿線の話になるといつもけいとうを思い出してしまう。

「けいとう」系列の「ごとく」

越谷界隈は**温泉が湧く施設**が意外と多い。**ヘルシーランドらぽーれ**といった昔馴染みの健康ランドなど、なくなってしまう状況にあるが、まだいくつかは元気に営業を続けている。
蒲生《がもう》駅から少し離れたところ、国道4号沿いにある**ゆの華**は、平成の初期、スーパー銭湯が流行りだした頃の旧態依然とした佇まいだが、それが今だとキュンとくる、一周回ってイイ雰囲気に円熟味を増している。
駅とを往復する送迎バスがあるが、事前予約制。やはり車客がメインだからだろう。

歩けなくない距離だが、水路跡や田んぼの中を歩くことになる。着いた先できらめくレトロなネオンの感じがタマラナイ。入口脇には源泉が垂れ流し。温泉成分で一部変色しているが、これが示すとおり、風呂場全体が茶色いテクスチャーで覆われているかのよう。

浴槽は男女日替わりで、この日の男湯は2階の華街道。ウォータークーラーは足踏みではなく、食堂とかSAの紙コップで飲むようなヤツ。でも紙コップがなく、プラッチックのコップがあるのみ。神社の手水舎とか、共用独特の緊張感のあるアレ。地方の湧き水の出る名所に来たようだ。常連は洗面台で濯《ゆす》いで使っている。

レトロなネオンがタマラナイ

洗い場のカランはシャワーが壊れていたようで、1回押すと全然止まらない。仕方なく別のカランを使ったが、壊れていたのはしばらくずーっと流れっぱなしで、気づくと止まっていた。

露天は、装飾がローマ風呂系。茶色い大理石風の浴槽のセンターに男性のシンボル的な柱が立っており、その頂上から温泉がチョロチョロと溢れている。茶褐色の湯はなかなかヌメりがあり、美人の湯というだけあって肌によさそう。

　この湯船の一角に何故か一人分のみの横になれるスペースがあるのだが、背中にボツボツとした刺激を与えるものがある。常連の間では人気があるようで、このスペースを巡る無言の視線のやりとりが面白かった。

　露天にはスチームサウナもある。タイルが古く褪色《たいしょく》していて、錆びたマシーンが剝き出しなので閉所恐怖症の向きは錯乱必至だろうが、これがかなり濃いスチームで、熱すぎず実に気持ちがいい。

　浴室内にはベンチ状の休憩スペースがあって、寝そべりながら、掲げられたTVをボーッと眺めることができる。この日、ちょうど巨人vs.中日戦をやっており、中日の攻撃になるとここに来て、交代すると露天へ向かうというローテを繰り返した。

　すっかり温泉とスチームと野球を満喫し、帰りはバスで駅へ。バスから降りる時、運転手がドア下に踏み台を用意してくれた。オレはセレブか。なんだかホスピタリティが高いのか低いのか、このユルさにスッカリ虜《とりこ》になってしまった。

　伊勢崎線には越谷駅があるが、一つ東京側の新越谷駅の方が駅前が栄えている。JR武蔵野線の南越谷駅と連絡しているからだが、同じ武蔵野線の北朝霞同様、東武とJRの連絡駅なのにそれぞれ駅名が異なっている。ホント他社とすぐバチバチになるよな。利用者のことも考えてほしい。

武蔵野線沿線の埼玉県内は見どころが結構あって、越谷レイクタウンは有名だが、その隣の**吉川駅**すぐ近くにはスーパー銭湯「**ゆあみ**」があり、ここの薬湯は超濃厚で殺人クラス。湯に入っただけでタ○キンにスースーと薬効が染み渡って痛いほど。

吉川はナマズの街としても知られ、ナマズ料理の店が多いし、イケアがあることで知られる**三郷**《みさと》にも「**早稲田天然温泉めぐみの湯**」というなかなかにディープなスーパー銭湯や、千葉でローカルに展開する中華「**大福元**」が唯一埼玉に出している店舗がある。牛ステーキチャーハンなんて強烈にソソるメニューがあって、優に2人前はありそうなチャーハンに細切牛肉の餡かけがドサッと乗っかっている。詳細を述べていたらいくらあっても紙面が足りないので、簡単な紹介で申し訳ないが、この辺にしておくとしよう。

大福元の牛ステーキチャーハン

第二章

ラーメンショップ路線バスの旅

郊外ロードサイドの象徴「ラーショ」を味わい尽くす!

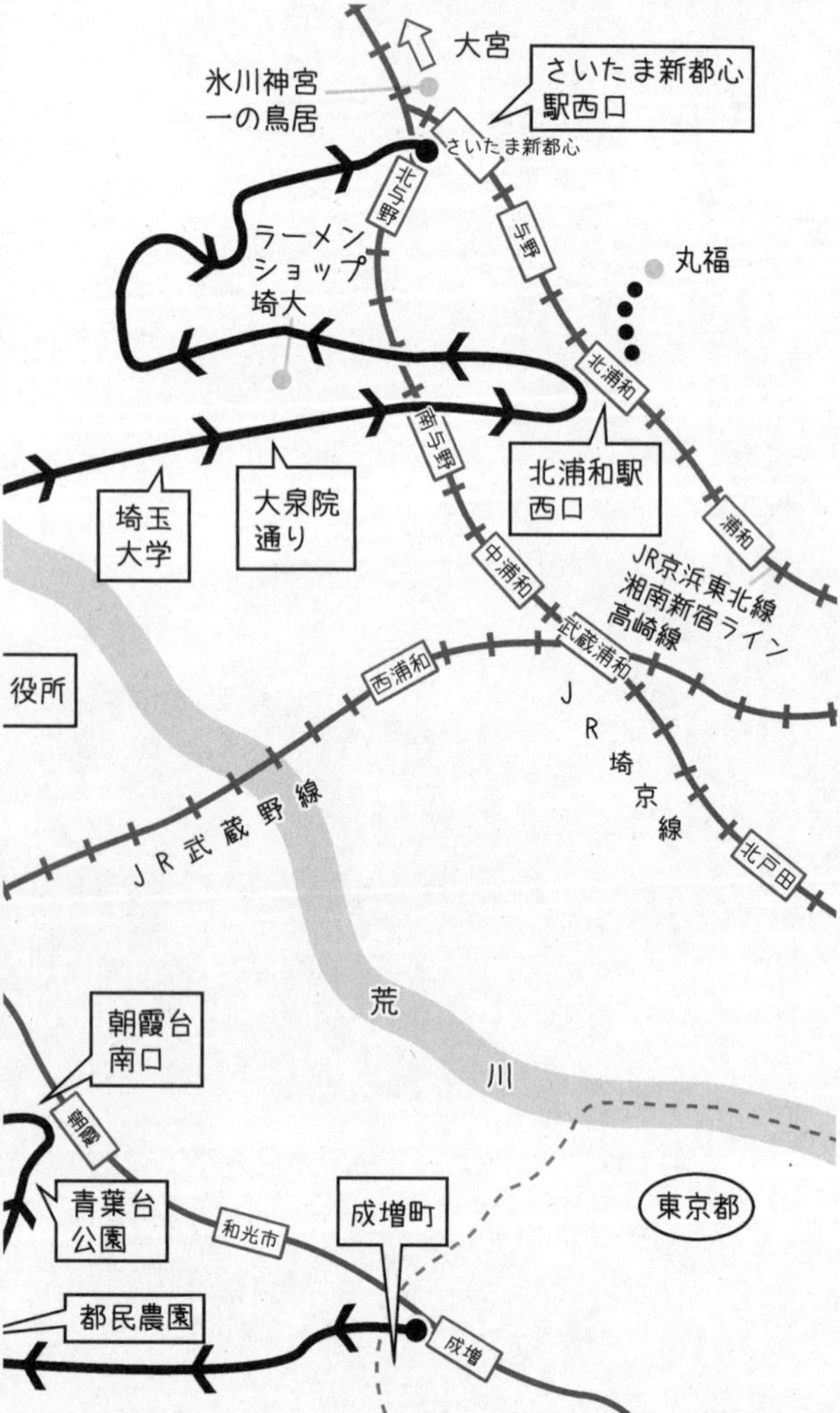
大宮
氷川神宮
一の鳥居
さいたま新都心
駅西口
さいたま新都心
北与野
与野
ラーメン
ショップ
埼大
丸福
北浦和
北浦和駅
西口
南与野
埼玉
大学
大泉院
通り
浦和
中浦和
JR京浜東北線
湘南新宿ライン
高崎線
武蔵浦和
西浦和
役所
JR埼京線
JR武蔵野線
北戸田
荒川
朝霞台
南口
朝霞
青葉台
公園
和光市
成増町
東京都
都民農園
成増

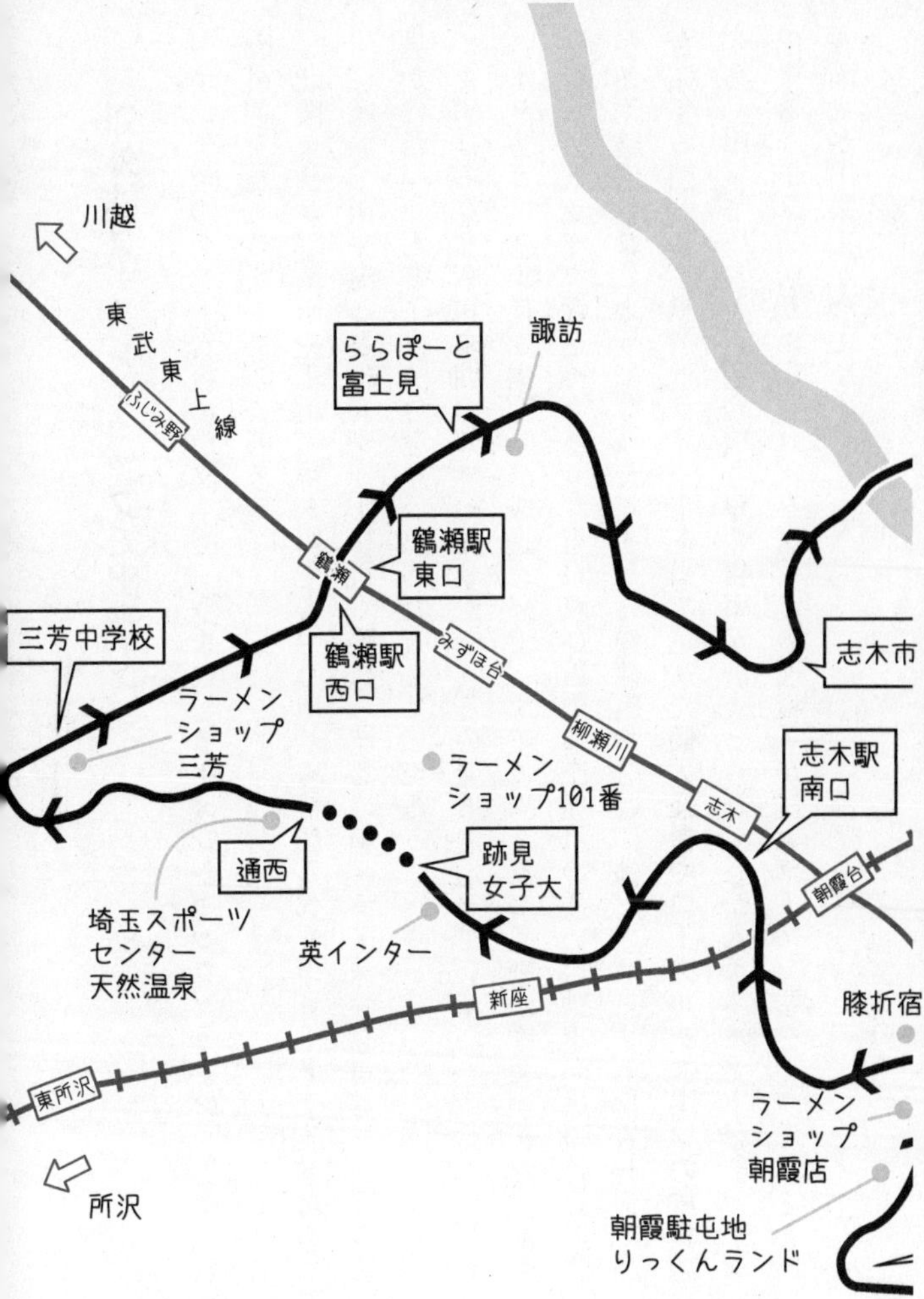
川越
東武東上線
ふじみ野
ららぽーと
富士見
諏訪
鶴瀬
鶴瀬駅
東口
三芳中学校
鶴瀬駅
西口
みずほ台
志木市
ラーメン
ショップ
三芳
柳瀬川
ラーメン
ショップ101番
志木駅
南口
志木
通西
跡見
女子大
朝霞台
埼玉スポーツ
センター
天然温泉
英インター
新座
膝折宿
ラーメン
ショップ
朝霞店
東所沢
所沢
朝霞駐屯地
りっくんランド

郊外はラーメンショップで出来ている

エンヂ色のテント看板に白文字で「**うまい　ラーメンショップ　うまい**」と書かれた外観を見たことがあるだろうか？

北関東ほか、埼玉や千葉、神奈川でも中心地から離れた郊外のロードサイドにあって、家族で山や海などにレジャーに行く際に、渋滞の中、ラーメンショップの看板を見かけた、なんて子供時分を思い出した方も多いだろう。

まずはそんな昭和末期の郊外の光景から、その発展を辿っていく。

１９７０〜80年代、高度経済成長を経て、マイカーを持つ家庭が増え、また物流も鉄道からトラック輸送へと移り、東京及び近郊に交通量の多い自動車向けの幹線道路が多く整備されるようになった。すると幹線道路沿いには、ファミリーレストランが台頭する前から、職業ドライバーを当て込んだ**個人経営やローカルチェーンの飲食店**が多く出来ていった。手っ取り早く食事が済ませられ、しかもエネルギーをチャージ出来るラーメン店が重宝され、タクシーの運転手が旨いラーメン屋を知っているという図式が出来上がっていく。

そんな時代に拡大していったのが、ラーメンショップ！

ラーメンは当時主流だった環七にあった多くのラーメン店のように、背脂を浮かせた**豚骨醤油スタイル**。多くのラーメンショップが背脂を浮かせていたが、運営側のシバリが緩いようで、店ごとに背脂があったりなかったり、豚骨がキツかったりほとんどあっさり醤油ラーメンのようだったりと、味は各店かなりバラバラ。さらに独自のセットメニューがあったりサイドメニューが充実していたりと、メニュー構成も異なるのが魅力の一つ。とはいえ基本は、水色の底の浅い大きな丼に、甘辛い味付けが染み込んだネギと大ぶりの煮豚が乗ったネギチャーシューを売りにしている。

現在も埼玉・千葉・北関東のほか、神奈川・静岡にもかなりあり、東北や西日本と全国に広がっている。

味自体は現在からすると、**一昔前のラーメン**といった感じがするだろうが、実は今でも流行に左右されず行列を作ったりする人気の店は、郊外は元より都心部でも意外とラーメンショップのような背脂豚骨醤油が多い。

今なおアツかったんだよ、ラーメンショップ！

おなじみエンヂの看板

これらを巡ることで、店ごとの個性と地域性がきっと浮き上がってくることだろう。

ならば早速出発進行……といきたいところだが、一筋縄ではいかないのがラーメンショップ。郊外のロードサイドで展開したカルチャーなので、駅前から遠く離れた場所にある。マイカーがない自分はどうすればいいのか？

そうだ、**路線バスで巡れる**んじゃないだろうか。

郊外なら、温泉の湧くスーパー銭湯や自販機ドライブインなど、寄り道をするには格好の場所。仮想ルートを組んだところ、埼玉の東上線エリアからさいたま市北部辺りまで巡れることが判明した。この辺りなら武蔵野うどんも寄れる。

というわけで、ラーメンショップ路線バス乗り継ぎの旅へ出発！

（バス路線は一日で乗り継いで回っているが、途中に立ち寄る飲食店やスパは一日では全店回り切れない。後からレポを追加しているので悪しからず）

9：38　泉33　成増町

スタートは**東武東上線の成増《なります》駅**。いきなり東京都だが、そこは県境の街。ここから埼玉へと向かうバス路線が多く通っているのだ。今回初のラーショ（ラーメンショップを略してラーショ）となる朝霞《あさか》店に向け、駅南口ロータリーから川越街道に出たところにある西武バス、**大泉学園行きの泉33**に乗る。

本数がかなり多い路線でバスはスグに来た。取り急ぎ乗り込み、Ｓｕｉｃａをタッチしようとすると、運転手が読み取り部を手でガードし「どこまでですか？」と聞いてくる。あれ？　西武バスは均一料金じゃなかったか？　バスはスグに和光市、つまり埼玉県に入り、しばらく走った後、練馬区の大泉学園、つまり東京都を走る。都区内は均一料金だが、埼玉県内は乗った距離で料金が上がるキロ計算なので、区間によって異なる料金体系が混在するのだ。これが超複雑。だったら後ろ乗りでＩＣカードタッチして、都区内料金でも後精算にすりゃいいと思うが、前乗り先払いにしなきゃならない事情があるのだろう。スタートから想定外のコケ具合だ。

判然としない気持ちのまま、バスはニトリを抜けるとすぐ埼玉県に入る。新大宮バイパスを越えたあたりで、緑豊かな公園の脇を進む。この先、碁盤の目状の区画に建売やアパートが並ぶ昭和末期の郊外ベッドタウンといった風景となったところで下車。

バス停は**都民農園**というインパクトのある名前。バス好きで知られる泉麻人の本に、この近くにある都民農園セコニックというバス停が出てきてずっと気になっていた。都民農園なんていかにも計画都市にある都民のために作られた生産緑地的農園を思い浮かべるが、実際は計画が頓挫したようで、実在しない都立家政や学芸大学状態のようだ（ちなみにセコニックの方は、カメラ用の露出計で知られるメーカーのことで、大泉学園ショッピングセンターがかつてセコニックの工場跡だったという）。

そんな名前を象徴するかのように、バス通り沿いは**団地1階テナントの商店**が軒を連ねているが、シャッターが下りているところも目立つ。陸の孤島で、さらに住民の高齢化も進み、個人商店の商売が成立しにくくなったのだろう。実はこの近くに、昼しかやってないドローカルなうどん屋や、いい塩梅に鄙《ひな》びた洋食喫茶があったのだが、どちらもなくなってしまった。

県境にある「都民農園」

9:57 泉32 都民農園

ここから**泉32の朝霞駅南口行き**に乗り換え、北上する。再び、先ほどより小ぶりながら緑豊かで散歩したら気持ち良さそうな公園が見えてくると、その対面に昔散々見かけた、あのエンヂに白抜き文字のテント看板が目に飛び込んできた。そうそう、こういうなんでこんなところに?というロケーションよ。一発目のラーショ、**ラーメンショップ朝霞店**に入る。

入口のアルミ戸を引くと、L字カウンターと、時を経てコンクリが黒く煤けた壁が囲まれた空間が広がるという、**ザ・ラーショな光景**が待ち受けていた。恐らく昭和末期から30〜40年は経つであろう飲食店らしい色合いで、カウンターに仕切りがなく厨房丸見えなのもラーショの特徴。家族経営だろうか、ご夫婦と娘さんらしき数名で回している。L字カウンターというと奥に長いウナギの寝床なラーメン屋が多いが、ラーショの多くは横に長い、もしくは正方形に近く、間口を広く取っ

ラーショはワカメがデフォルト!

ている。ロードサイドという特性上、通りからよく見えるようにと作られているのだろう。

エンヂのカウンターに腰掛け、頭上の手書きの品書きから注文。ラーメンの並が600円で、価格は中・大と100円ずつUPする。これにネギやチャーシューなどを乗せたバリエーションがあり、それぞれに並中大の価格が書かれている。さらに味噌味もあり（ネギミソを猛烈プッシュするグループもある）、醤油と同額とは嬉しい。

待ってる間、厨房の様子が見られるのも仕切りのない席の醍醐味《だいごみ》。タレに漬け込んだチャーシューの塊が実に旨そう。麺上げも昔からの平ザルというラーショオールドスタイル。

1軒目は定番にと、ネギラーメン並750円。ラーメン屋でワカメが王道の具の座から退いて久しいが、ラーショは**ワカメがデフォルト**。ここのワカメはそそり立っていて、見るからに普通のものと違う。食べてみるとコキコキとした歯応えのゴツいワカメ。ラーショでもこんなの初めて食べた。

スープは若干白濁しているがさっぱり気味。飲んでくるとコクも感じられてくるが、標準的な豚骨醤油か。その分、背脂は**ノーコールでもしっかりチャッチャ**してくれる。

チャーシューは薄めだが大ぶり。見た目より味気なく、やや臭みがあるが悪くない。甘めのタレで和えたラーショ定番のネギは、ラーショ基準でも甘めの味付け。シャキシャキが思う存分食べられる。

ことさらワカメに個性を感じるラーショだった。普段使いする味として、客の年齢層の高さとマッタリ具合も納得だ。ラーショはこうでないと。一発目は定番で満腹満足。

【寄り道スポット】陸上自衛隊朝霞駐屯地

バスの車窓からも陸自の車両が公道を走っている姿を見かけたが、今回の泉32と33系統は陸上自衛隊朝霞駐屯地の縁に沿って走っている。東京に近い立地にしては広い敷地なので、バスは迂回するように周回を走らざるを得ない。というわけで、せっかくなんで一般開放されている広報センターを見学してみよう。

基本いつでも自由に見学できる広報センター、りっくんランドが常設されている。これまで自衛隊関連の施設見学は多少経験があるが、所持品検査や隊員の同行など、イマイチ気軽さに欠けた。しかしこちらは常時気軽に入れるのが非常に嬉しい。

佇まいは箱物然としているが、中に入ると迷彩服やサブレなどの**いかにもな土産物**が並ぶ売店があって、受付には女性隊員が笑顔でご自由にどうぞと迎えてくれる。

りっくんランドを堪能

まず順路に従って2階へ。自衛隊の歩みから、現在の活動範囲や内容がパネルやモニタで紹介されている。タッチパネルで凝ったデザインのインターフェイスなど、行政特有の野暮ったさがないのが驚きだが、サマーワなどでの平和維持活動を油絵にした展示は**非常にプロパガンダ臭い**。原爆や震災の復興祈念館にもこういう絵画があるが、それとは意味合いが違って見えるのは、やはり自衛隊が軍隊の格好だからだろうか。

1階には実物の**戦闘ヘリ「コブラ」や90（きゅうまる）式戦車**が展示されており、

2階から見下ろすことが出来る。この光景は防衛大臣が視察に来るとよく映る映像なので、見たことのある人も多いだろう。自衛隊をアピールする一番の場所なのだろうから、垢抜けた施設になっているのか。間近にコブラや90式を見ると、展示用に綺麗に掃除され塗装も施されているとはいえ、やっぱり迫力がある。靖国神社の遊就館《ゆうしゅうかん》にある零戦よりはインパクトがないが、常設でもコックピットを間近に見られ、これがパトレイバー実写版で都庁の上を飛んでたやつかーとか思うと感慨深い。

ほかにヘリのシミュレーターや戦車の射撃ゲームもあって子供に人気だが、実際の**戦車の砲手席の実物**があったりと、部分的とはいえ手に取れるモノホンの方が、オオッ！ってなる。

3Dシアターがあり、決まった時間に自衛隊を紹介するミニ映画が上映されている。少年が時空を超えて自衛隊の演習の現場に連れて行かれるというベタな内容だが、雪のシーンでは3Dで粉雪がめっちゃ飛び出して降っていたり、シートがボディソニックだったりとムダな豪華さ。分かってる大人が、自衛隊みたいな題材をどう扱うのかという興味で見ると面白いが、子供のうちから、ヘリだカッコイー！みたいな興味本位の主人公に自らを重ねるように観せられたら、これも一種の洗脳な気がして不安になった。

自分の場合、兵器や一種の全体主義に美を見出すのは人間として備わってるもんだと思ってて、戦闘に対する高揚感は否定しない。色々知った上で、そういうものと上手く付き合わないと、ただ闇雲《やみくも》に戦争反対だから戦車など戦争と関係するものを全て否定するだけでは、ただ目隠ししているにすぎず、本当に平和を実現するためにはならないと思ってる。そういう業《ごう》というかダメなところがあるのが人間だからね。

屋外には一〇（ひとまる）式に、個人的に好きな高射砲が展示されてて、うぉーって熱くなるわけで、そういう自分も受け入れることをしないと、平和を考えることにならないと思うんだけど。その意味で、りっくんランドは非常に面白く、興味深く、そして最高におぞましい場所だった。

10：23　泉32　青葉台公園

朝霞駐屯地の近くには和光市役所もあり、民間のバスは元よりコミュニティバスだってバンバン走ってるかと思いきや、これが信じられないくらい本数が少ない。高齢者や障害のある人が市役所に公共交通機関で気軽に行けないというのはいかがなものか。しかしこれが県境を越える意味、東京都区部とは違う行政の現実なのだ。

ということは、この先、民間のバス路線がない場所をコミュニティバスで乗り切れるのか。東京都に隣接する市でこれなんだから、考えなくても**嫌な予感**しかしてこなくなった。再び泉32に乗り、朝霞駅を目指す。

ラーショ前の青葉台公園を過ぎると、朝霞市役所が見えてくる。ここから真っすぐで朝霞駅に着くのだが、この道が面白い。一応歩道は確保されているが、安心して余裕で歩ける広さはない。この中途半端な道幅というのは、宿場町などの旧道でよく見かける。ここは**膝《ひざ》折宿《おりしゅく》**という川越街道の宿場町だったそうだ。

再び泉32で朝霞駅へ！

　古くからの商店と思しき建物が多く、今では商売をやめて住居にしたり、地域の寄り合いカフェにするところが目立つが、今でもマーケット（スーパーが出来る前の食料品や生活必需品をひと通り扱うお店）があったりと、車社会になる前の賑わいを感じさせる街並みになっている。

10：51　朝11　朝霞駅南口

朝霞駅西口には立派な広いバスロータリーがあり、北朝霞を越えて**一気に志木まで**行けるバスがある。

バスは東武東上線と並走するのではなく、一旦住宅街に入り団地を抜け、武蔵野線を越えて志木へと向かう。車窓には**片田舎感ある寂れた風景**が広がり、コイン精米所とエロ本ＢＯＸしか見受けられないんじゃないかと時代錯誤な妄想に囚われてしまいそうだ。

立派な朝霞駅西口ロータリー

膝折からほぼ真っすぐ北へ進み、志木駅の街並みが近づいてくる。東上線の川越と成増の中間に位置する志木駅は、ちょっとしたターミナル感のある都会風な駅前となっている。

ここからさいたま市に入るか、まだ東上線沿線を巡るか。実はこの界隈、温泉が出るスーパー銭湯が点在するエリアで、しかもまだうどんも食べていない。鶴瀬からさいたま市に入る路線があるはずなので、もう少し東上線に沿ってみようと思う。

11：14　所52　志木駅南口

志木駅南口から再び西武バスに乗り、**所沢駅東口方面**へ。所沢と聞くと、東京の東村山の北側なので、さいたま市とは逆方向の、エライ遠くまで行くように思えるかもしれない。しかし、東上線に沿って移動するバスがないので、さいたま方面か所沢方面へ迂回するしかない。

一番三芳町《みよしまち》に近いバス停が跡見女子大。学校に行くバスなので、本数は出ている。これでまず志木市を離脱しよう。西武バス所52は志木街道から国道254号（川越街道）に入る。エライ蛇行してここまで来た感があるが、その寄り道感も路線バス旅ならでは。と、ここで、国道463号とクロスする**英《はなぶさ》インター**に入る。眼下に走る463を見下ろす感じが、路線バスでありながら高速に

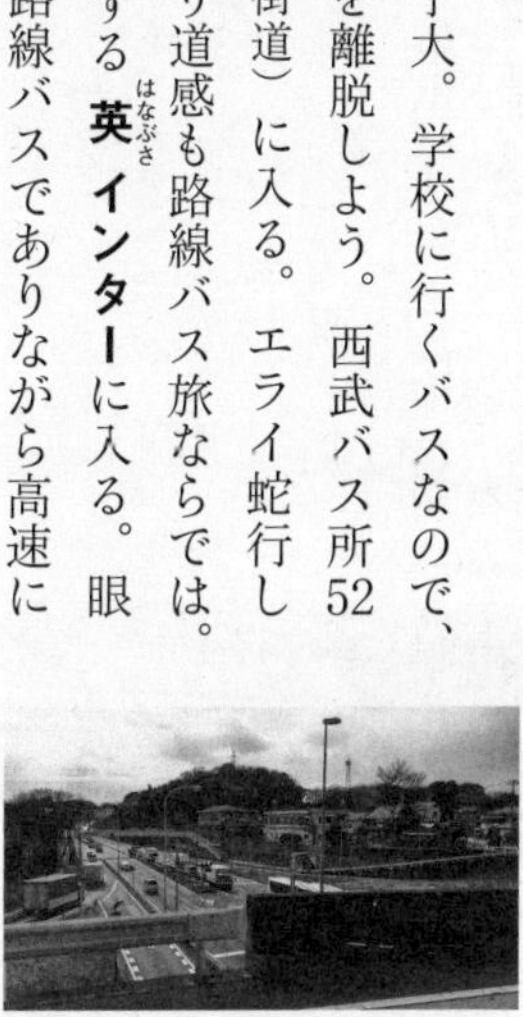

国道 463 号オーバーパス

乗ってるみたいでテンションが上がる。

11：31 所52 跡見女子大

そしてしばらくすると、跡見女子大に到着。バスは正門に入りスグにあるロータリーを半周して停車。徒歩で数歩だが女子大の敷地内を歩くことになる。瀟洒《しょうしゃ》な建物を見るにつけ、自分自身やこのバス旅がいかに女子大と不釣り合いかを痛感させられる。まるで犯罪でも犯したかのように後ろめたい思いで女子大を出、**川越街道を北上**する。ここから三芳町を走るライフバスの一番南のバス停までは……そう、テレビ番組の『ローカル路線バス乗り継ぎの旅』では恒例の**徒歩移動**。荒川さえ越えてないのにもう徒歩かよ！とショゲるが、距離は１㎞チョット。全然許容範囲。

川越街道といってもこの区間は旧道だろうか、片側一車線でガードレールに阻まれた細い歩道を歩く感じはまさに埼玉。民家や畑が主な風景だが、郊外とも田舎ともつかない、廃工場とか出てきそうな**広漠とした殺風景な景色**が続く。

何もないところを徒歩で移動……

しばらくすると視界が開け、フットサル・ボウリングなどと書かれた昭和な電飾看板が目に飛び込んできた。埼玉のラジオCMではお馴染みの、埼玉スポーツセンターだ。ここに通西《とおりにし》というライフバスのバス停がある。

【寄り道スポット】埼スポ温泉&101番

東上線沿線スパ銭激戦区の中でも個人的にめちゃめちゃリピートしているのがココ、埼玉スポーツセンター天然温泉、**通称埼スポ温泉**。会員になると620円で入れるという料金の安さも魅力だが、なんといっても温泉の質の良さ。

露天の大きな温泉岩風呂は上下2段になってて、上は源泉なのだが、これが超ヌルヌル。無色透明な湯だが、アルカリ性なので角質が取れて肌がツルッツルになる。広めのドライサウナも適度に高温だし、還元泉という36℃程の人肌程度のぬる湯でマッタリ長湯出来るし、40℃を割った温泉の一人湯まである。全体に和風で落ち着いてて、よくある家族向けの

コスパ最高！　埼スポ温泉

スパ銭のようなガチャガチャ感がない。岩盤浴とのセットも安く、割引の日などは両方で1000円程度で利用できる。

施設サイズと内容のバランスが良すぎ、それで温泉がスゴイのにそんなに混まないのが不思議。どこぞのランキングで1位になったこともあるが、もうちょっと人が来て欲しい反面、混みすぎても困るのが悩ましい。が、1つどうしても言いたいことがある。キリよく700円に値上げしていいから、ドライヤーはコイン式でなくフリーで使えるようにしてほしい！

ところで、通西からみずほ台駅の間の道沿いにどうしても紹介したい店、**ラーメンショップ101番**がある。店名がラーメンショップとあるが、味は完全に別物。元々ラーショと関連があったり、ラーメンを扱ってるショップだからということで、たまたま店名がバッティングしているケースもある。

通りに面して横に長い造りはラーショ然としていて、店内もかなり席数のある大きなL字カウンターのみで、ラックに週刊誌とかが置いてある感じもまんま。まぁ成立年代が近いだけかもしれないが。壁にあるメニューはラーショらしくネギラーメンと味噌味とかのほかに、ゆずとかハングルなんてあるのも珍しい。カレーやチャーハンも気になる。

醤油ラーメン（油多め麺硬め）が**なんと４５０円！**　ここまで安いと心配になる値段だが、ちゃんとチャーシューも厚めのが入ってて、安っちい要素が微塵《みじん》もなさそう。

スープは豚骨醤油かと思い込んでいたが、背脂はおろか、油多めにしても透明なラードもそんなに層をなしてない。確かに壁には「鰹《かつお》だしのスープ」と書かれていたが、まずは一口、スープをズズッと頂くとその瞬間、鰹の香りが口中に一気に広がってビックリした。ラーショとは似ても似つかぬもの。鰹が出ているというと、イマドキな凝った和風のラーメンを想像されるだろうが、このラーメンは実にシンプルで、凝った感じが前に出ていない。**ただただ純粋にウマイ**という感情がダイレクトに湧き上がってくる。

麺は中細で少し縮れた柔らかい麺で、郊外のラーメン屋でよく出てくる、個人的に残念なタイプながら、このスープに馴染むのが不思議。そして驚くべきはチャーシュー。脂身が断層のように入っているが、これがもう超柔らかい。あまりの想定外、なんじゃこりゃー！と興奮気味に完食。

これで450円はスゴイ

あまりに上を行く味・出来栄えに打ち震えつつ、感動を抑えて店を後にした。

12：04 ライフバス5 通西

ライフバスは東上線のふじみ野・鶴瀬・みずほ台の3駅の間を巡る、コミュニティバスのような走り方をしている**ローカル路線バス**だ。バス車両はかなりガタガタな乗り心地だしICカードは使えないのに、公式サイトから運行状況は見られるという**半端なハイテクぶり**が魅力。

運行本数は推して知るべしな状況で、通西から乗り込む鶴瀬〜三芳役場経由〜みずほ台折り返し線は1時間1本、10時と15時は1本もない。幸い少し遅れてきたバスに乗り、埼スポ脇を抜け、林の中を進む。この先は工場街となっており、都心部の食事情を支えるコンビニやスーパーの食糧基地となっている。土地があって安く、川越街道や関越道といったアクセスの良さも影響しているのだろう。

本数は推して知るべし

工場街を抜けると、鉄塔だけが目立つ抜けた空の奥にラブホやタンクが見えるくらいの、どこか殺伐とした風景が広がる。バスはぐるっと巡り鶴瀬駅へ向かう道に入ると、三芳中学校前にラーショ看板が見えてきた。

ラーメンショップ三芳は、バス通りとはいえ幹線道路から入った場所にあり、地元民でもなければ車では気づかない気もする。しかし駐車場は広く取られ、そこにポツンと佇む感じはどこかプレハブチックだが、リニューアルしたのか建物も看板も真新しく、遠くからでも目立つようにはなっている。ラーショはやっぱPの文字が目を引かないと。

店内も壁紙が真新しそうな明るさで、通りに面して横長の造りながら、テーブル席メインで、長ーく延びたカウンターはラーショにしては厨房との仕切りが高い。さて、せっかくなので、ここならではのメニューにトライするとしよう。厨房には若そうなお兄さん一人で、作ってる様子が窺えないが、音と時間からするに、結構丁寧に作ってくれてそう。

で、やってきました、岩のりラーメン780円に、メンマ丼270円つけてみた。ラーショといえばネギ丼も名物だが、

広い駐車場もラーショの特徴

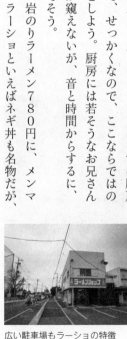

メンマは珍しい。

さっきは脂量ノーマルで物足りなかったので、脂多めで。これまでの経験上、ラーショでは多めでコールしても大した量が来たことはなかったので、ここでもなんの気なしに頼んでしまったら……。

な、なんなんだこの背脂は。**丼の中背脂だらけ**じゃないか！

最恐と誉れ高い都内某燕三条《つばめさんじょう》系の背脂テラ盛りより多いかも。で、肝心の味だが、これがイイ意味でサッパリ分からない。何がイイ意味かっていうと、スープが判別出来ず、脂と麺を摂取してる感じなんだけど、ほのかにニ

なんだこの背脂の量は！

ンニク臭があり、**わけ分かんない直感的な旨さ**に満ち満ちている。見えないがスープもダシが出て悪くなさそう。透明油層に固形の大きめの背脂粒がアステロイドベルト状態で、そこに岩のりとワカメと輪切りの青ネギが混ざって、**正しくカオス**の上に成立している一杯。麺は中細でもちっとしつつもへばらない。もう脂を掬い上げる装置と化してる。

メンマ丼は案の定、ネギチャーシュー丼のメンマ版。ほぐしチャーシュー入り。ご飯も量は少ないが、単体で食べるメンマが超コリコリで味付けも水っけも控えめで、基本メンマは苦手ながらこれはクセになる。

後半、**完全にグロッキー**状態になりつつも完食。結局岩のりは背脂に混ざり込んでよく分からなかったが、塩味が背脂の甘みとバランスを取ってくれた気がする。いや〜、まだまだラーメンショップ、何があるか分からない。ナメんなよ!というメッセージを頂いた気がした。

12：43　ライフバス5　三芳中学校

三好中学校前から再び同じ路線のライフバスに乗り込み、鶴瀬駅に到着。駅舎を通り反対側のロータリーへ。この1・5㎞程先に昨今**ららぽーと富士見**が出来、そこへ行くバスが**1日104便**とひっきりなしに出ている。送迎バスだと有り難いのだが、東武バスで180円。まぁ仕方なしと乗り込む。

12：59　鶴02　鶴瀬駅東口

鶴瀬駅に降りたのは初めて。駅近くに緑が鬱蒼《うっそう》と茂り、ららぽーとが近づくと整備された道路の両サイドには真新しいカフェがあったりと、その様子の違いに驚きを隠せない。

大きな交差点の先に、巨大なららぽーとが見えてきた。最近の郊外型ショッピングパークはやたらデカい。越谷レイクタウン程でないとはいえ、街の開発がこういう方向ばかりになるというのは、地元的にはやはり歓迎すべき状況なのだろうか。

ららぽーとの前の道を南へ行ったところに**ローカルなうどん屋**を発見した。武蔵野・うどん圏の個人店は昼営業のみで売り切れ早仕舞いが実に多く、これに何度も泣かされてきた。しかしここ**諏訪**は無事、通常営業中。普段でも昼終了ギリギリまで開いているというから、これは有り難い！

窓際のカウンターに着き待つこと15分くらい、肉汁うどん中（３７５g）７１０円の登場。このうどん、黒っぽくてゴワゴワした武蔵野うどんのイメージに反して、艶やかでひねりもあるエッジの立った代物。噛むとムニッとした歯ざわりながら、しっかりコシもあって、讃岐を経た武蔵野うどんって感じ。恐らく添加物なしとか自然派のようなので、塩分も控えめ。

個人的にはもうちっと塩味がほしかったが、それを補って余りあるのがつけ汁。表面に油が浮いてるけど大人しそうに見せかけて、汁自体にかなり**ナチュラルな旨み**がガツンと出てる。多分豚とか動物系のダシだろう、動物油脂じゃないと出ないコクがスゴイ。

さらに具の豚肉が厚みがあってもうモッチモチ。熱が入ってシナって甘くなったネギも単体でウマイが、平牧三元豚《ひらぼくさんげんとん》という赤身の弾力があってしかも柔らかい豚肉との相性がバツグン。これと汁とうどんが渾然一体となるとズバババッと一気にうどんが胃袋に消えてなくなってしまう。

うどんを食べ終えたところで、「だし汁」とシールが貼られたポットから、つけ汁を割る。コッチは鰹メインの魚介系らしく（煮干しや昆布等色々入ってるらしい）、プ～ンとダシの香りが鼻孔をつく。いい感じに、動物系と合わさって、飲みやすく、香り豊かに完食できた。

つけ汁の動物系**ダシの厚み**には驚いたが、それ以外は優しく、まとまりのイイうどんだった。

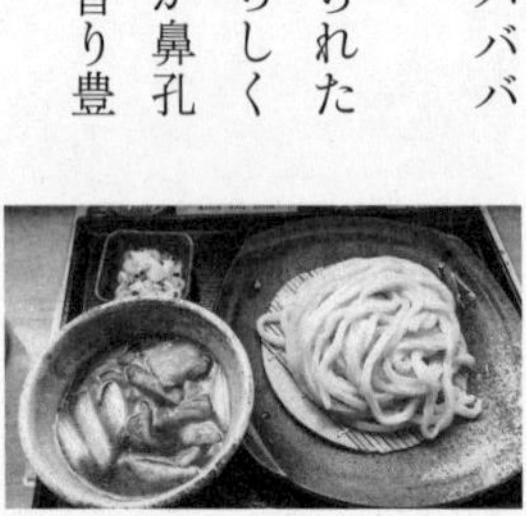
具の豚肉がモッチモチ

13：09 志25 ららぽーと富士見

ららぽーとに戻って、バスロータリーへ。ここには近くのふじみ野ほか、大宮からの路線も乗り入れる、**一大バスターミナル**と化している。この情報は事前に仕入れていたので、ここに来れば一気に遠くまで足が延ばせるのではないか。そんな期待を込めて、行き先を探すと、あった、**南与野行き**。これで一気にさいたま市に突入できる……って、ええ、次のバスが14時とは、みうらじゅん曰くの**「地獄表」状態**。1時間以上せっちん詰めか。

ほかのバス停をみると、志木行きはかなり本数がある。志木からさいたまに入るバスはかなり出ているはずだから、仕方ないが**志木まで戻って**からさいたま市に入った方が全然早かろう。

出発寸前の東武バス志25志木行きに飛び乗り、志木を目指すが、志木での連絡が上手くいくか心配。路線図とにらめっこしていると、志木市役所で埼大（埼玉大学）に行く国際興業バスに乗り継げそうだ。

南与野駅西口行きの次のバスは1時間後

13:41 志03-3 志木市役所

運よくスムーズに国際興業バス志03

-3南与野行きが来て、いよいよ東上線エリアとオサラバ。バスは土手を越えると荒川を渡り、**遂にさいたま市へ！**

バスが進む道は**埼大通り**と呼ばれ、17号から川越街道へ抜ける浦和所沢（通称うらとこ）バイパスへ繋がっていることもあって、沿道は家電店やＦＣ（フランチャイズ）系の飲食店ばかりのどこにでもある郊外の光景となる。埼玉では有名な渋滞スポットだが、**日本一長いけやき並木**でもあって、小さい頃から木漏れ日をマイカーの中から見上げるのが好きだった。

通りの名となっている埼玉大学を過ぎ、1つ目のバス停の近くに、けやきに隠れるようにエンヂ色の看板を見つけた。

ここ、**ラーメンショップ埼大**は、ラーショとしては珍しく奥に長い造り。こんだけ店が並んでる立地なので仕方ないのだろう。目印となる看板にはこれまでと違って「椿」と書かれている。ラーメンショップの1号店の前身が椿食堂といって、現在も椿食堂管理という会社が卓上の業務用ニンニクなどを製造してラーショに卸しているので、その椿と関係ありそう。ともあれ、一部のＦＣグループは椿ブランドを掲げて

荒川を越えさいたま市へ

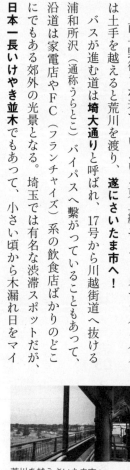

おり、埼玉県内にも数軒確認できている。

中はL字カウンターメインで、厨房の中のお父さんと娘さんらしき2人が微笑《ほほえ》ましく映る。だいぶ前から地元で知られたラーショだけに、冷水機のほかテレビや壁などに使い込まれた歴史を感じ、朝霞同様、昔ながらのラーショの風情を留めている。そういえば、**保冷庫にオシボリ**を詰め込んでるラーメン屋も少なくなった。

スポーツ新聞を漠然と眺めていると、**キャベツラーメン**700円こってりがやってきた。トッピングでキャベツとは珍しい。家系では幾つか名物にしてる店があるが、キャベツと豚骨主体のラーメンの組み合わせは、かなり好物だったりする。カットされたキャベツがたくさんとほぐし肉状態のブロック状の煮豚がドサッとラーメンに乗つかっている。キャベツは茹でるなりしてシッカリ熱を通さないと硬くて食べるのがシンドくなってくるが、結構柔らかくなってて、緑の濃い部分も多く、いい塩梅。脂身多めを「こってり」というらしく、それで頼んだのだが、ゴロゴロのキャベツと煮豚に背脂が混ざり、独特の自然な甘みが口中でジンワリ広がる。スープは甘じょっぱい透明度のある非乳化醤油スープながら、スープ自体のコクと旨み抜群で甘みもあってかなり旨い！　最後の方飲み干すとややしょっぱさが立つが、**キャベツと煮豚と背**

脂の甘みでバランスが取れている。

麺はやや丸っぽいちょっと粉っぽいもの。柔らかすぎず丁度いい。サイドメニューにミニネギ丼200円も頼んだ。深さのある丼でビビるが、ご飯はそれほど多くなく、甘辛の定番味のネギに細切れチャーシューが定番の旨さ。ネギ丼は温かい米に限る。

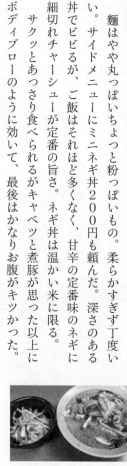

サクッとあっさり食べられるがキャベツと煮豚が思った以上にボディブローのように効いて、最後はかなりお腹がキツかった。非乳化でここまで満足度があるのは、そうそうないのでは？　古くから評判を耳にするのも納得の一杯だった。

キャベツのトッピングは珍しい

14：24　北浦03　埼玉大学

一旦埼玉大学に戻り、**北浦和行き**の始発に乗り込む。跡見女子大同様、正門入ってスグのところにバスロータリーがあり、ここから埼京線や京浜東北線の駅へバスがひっきりなしに出ているのだ。女子大と違ってゲートを潜りやすいが、国立大学とあって、同乗する人が誰もが頭良さそうに見えて、バスでラーメンショップを巡っている自分が肩身の狭い感じがしてしまう。

けやき並木を真っすぐ新大宮バイパスを越え、埼玉の古くからのディスカウントストア「ロヂャース」を過ぎ、埼京線を潜ると、京浜東北線北浦和駅に到着。

北浦和といえば、**ローカル激安中華グループの娘娘《にゃんにゃん》**を筆頭に、安くて量が多い飲食店や飲み屋が充実している。さらに学校も多い場所で、東へ1km以上と離れてはいるが、浦高《うらこう》こと県立浦和高校前に学生御用達の大盛りで知られる**丸福**があるので寄ってみよう。

通称浦高通りことさいたま幸手《さって》線をトボトボ歩いていると、浦高の校門の先に改装して真新しく映る和定食の御食事処といった佇まいのお店が見えてきた。木彫りの看板に「丸福」と書かれているので気づいたが、手前の中華「**仙龍**」の方がいい意味でくたびれた感じが出ていて学生御用達感が強い（ちなみに仙龍も浦高メシ屋として人気だ）。しかし丸福は1967（昭和42）年創業と、50年以上の歴史がある。

埼大通りのけやき並木

50年以上も愛されてきた老舗

店内も小綺麗にされているものの、壁に並ぶメニューは**黒地の札に白い手書き筆文字**。ときわ食堂（都内を中心に展開する大衆食堂の代名詞的グループ）などでも見かけるような、これぞ大衆食堂という威風堂々としたもの。もり・かけのそばからカツ丼、ラーメン、生姜焼き、カレー、サバ定食と和洋中なんでもござれ状態。子供が見たら狂喜乱舞するようなオールスター勢揃いじゃないっすか。

と、くれば、こちらも黙っちゃいられない。大人子供がみんな大好き**ケチャップ味のチキンライス**で迎え撃つ。デーンと八角形のチャーハン皿に盛られてやってきたソレは、噂に違わぬデカ盛り具合。コレで普通盛り550円ってところが学生メシ屋。具は鶏肉とタマネギ程度で後はほぼ米という潔さ。ケチャと油でコーティングされた飯を思う存分食ってくれという店側の心意気を感じる。具のカットも大きく大胆で、シャキ感の残るタマネギやプリプリの鶏肉を大口で頬張る口中快楽を存分に味わえる。

意外と下味やケチャの量は大人しめで、全体にあっさりしているから量を感じずにサラッと完食できた。レモンサワーとかアルコールもそれなりに揃ってるから、野郎ばっか複数人で料理をシェアしながらガッツリ飲み食いしに来たくなった。家族経営のようでアットホームな雰囲気も居心地よく、これからも末永く愛される食堂として長続きしていくお店だろう。

14：50 新都01 北浦和駅西口

北浦和駅に戻り、西口バス乗り場の案内を見ると、**さいたま新都心へ行く路線**があった。さいたま新都心は与野と大宮の間に出来た新駅なので、そこまで行けば大宮まで徒歩圏内のはずだ。

いざこのバスに乗り込んでみると、与野にできたイオンモールなどを周ってかなり迂回する路線で、さいたま新都心まで30分もかかってしまった。だいぶ遠回りをしてしまった。ともあれ、さいたま新都心駅に到着できたからよしとしよう。

さいたまスーパーアリーナほか、近代的なビルがデッキから見上げられるように建っている駅の、バスロータリーのある駅東側は巨大なショッピングセンター群となっている。こんなデカいヨドバシカメラ初めて見た。

東口下りてすぐの道は**旧中山道**で、**大宮宿へ続く道**。途中に、先ほどのコラムでもふれた氷川神社へと続く日本一長い参道があるので、そこを通って大宮に出よう。大宮行きのバスもあるが、歩く方が早そうだし通ってみたいしね。

北浦和駅西口で最後のバスに乗る

駅近くの整備された並木道をしばらく進み、重厚感ある木造家屋や、埼玉ではお馴染み団子やオニギリの**たかのチェーン**が見えてくると、そこは氷川参道入口。昔から参道を行く客向けに団子を売っていたのだろう。参道なのに真ん中が車道になっているのが不思議な気がするが、歩道も広く取られていて、散歩する人はやはり多い。木漏れ日の中歩くのは確かに気持ちいい。

ここから1km程で大通りにぶつかり、この道を真っすぐ行くと**大宮駅西口**に出る。埼玉の一大ターミナル駅であり、かつての中山道の宿場町とあって、結構ディープなスポットがアチコチに眠っている。ここからは大宮駅周辺探索へと切り替えるとしよう。

氷川神社に続く日本一長い参道

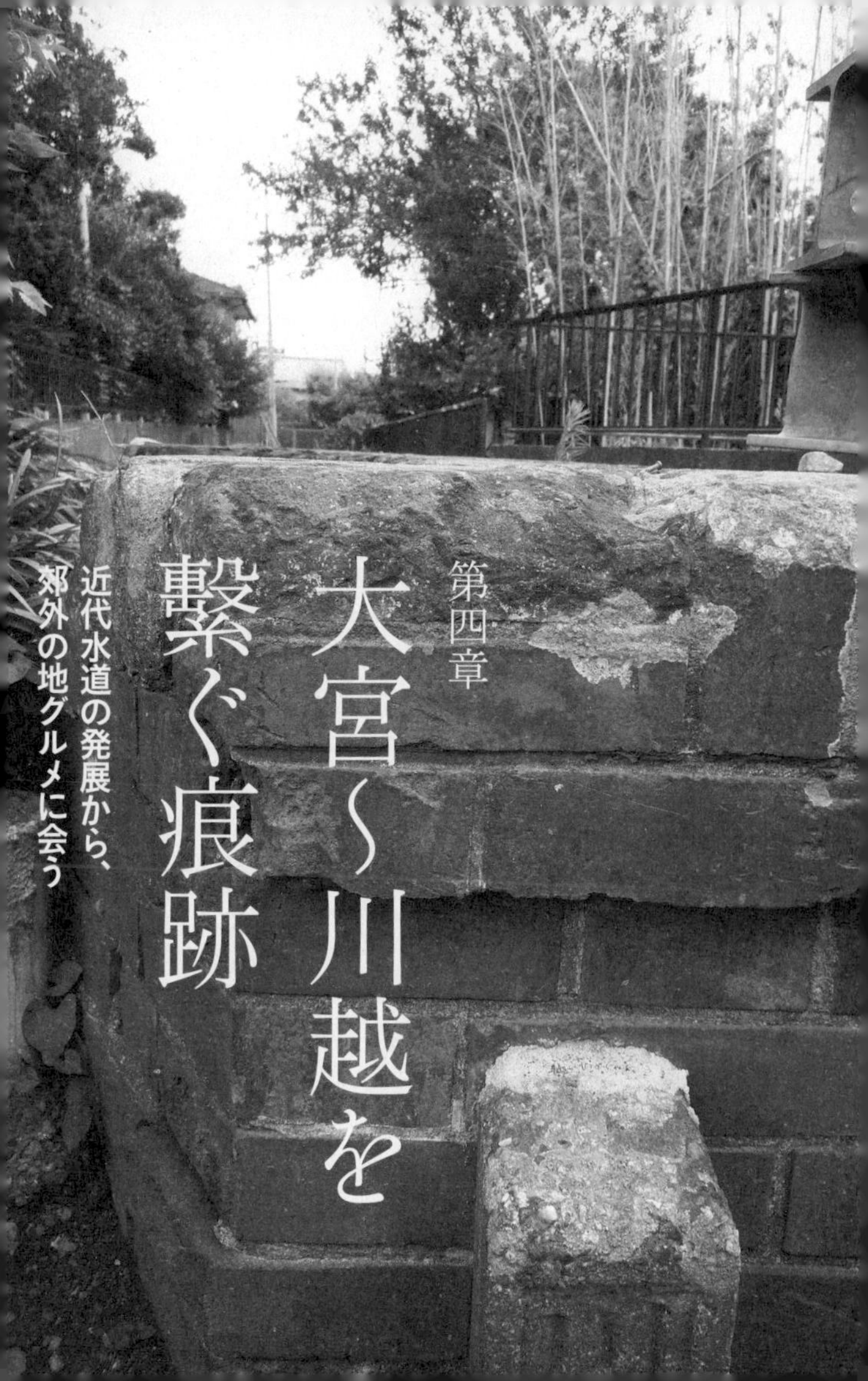

第四章

大宮～川越を繋ぐ痕跡

近代水道の発展から、
郊外の地グルメに会う

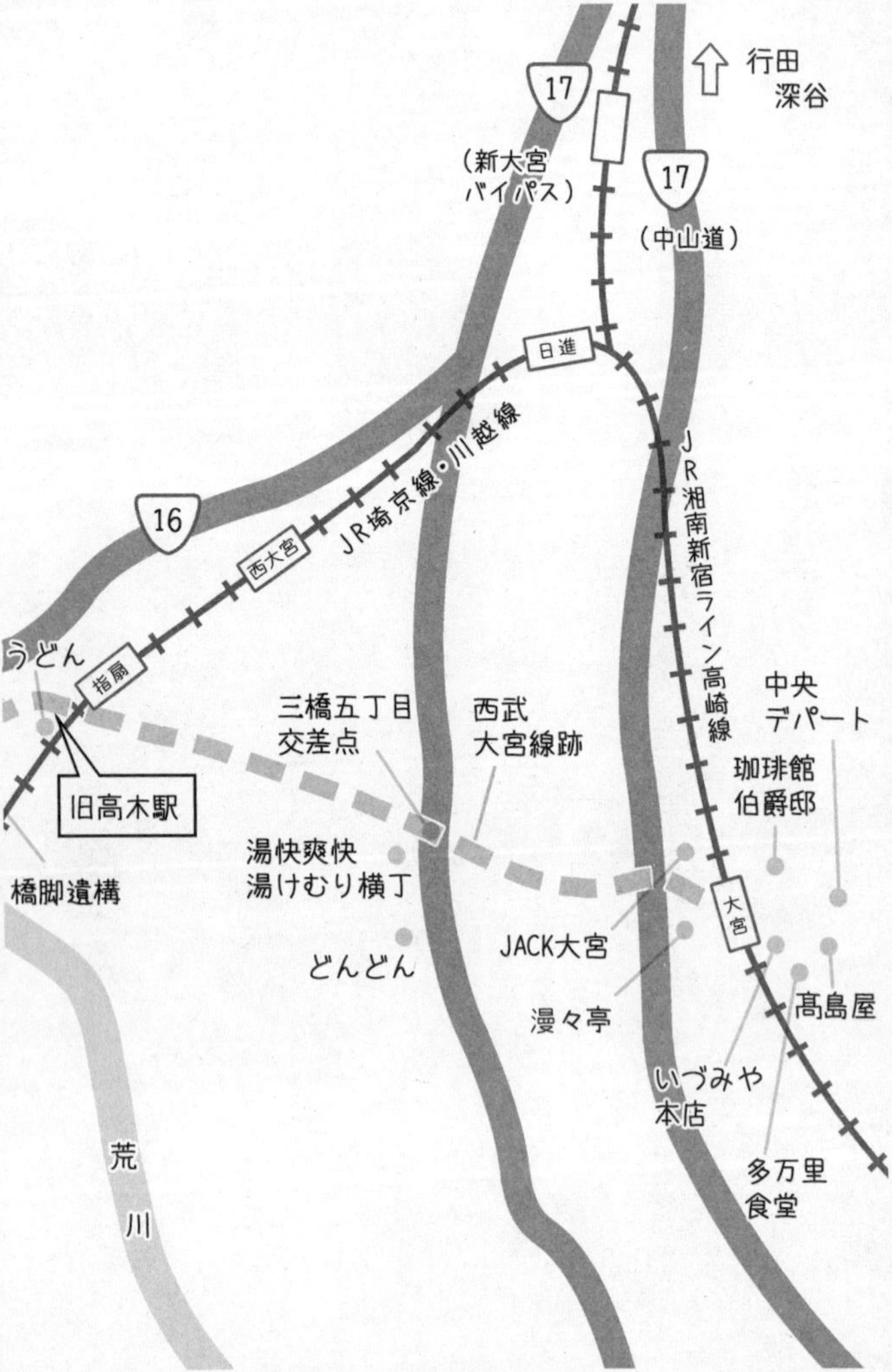

行田
深谷
17
（新大宮
バイパス）
17
（中山道）
日進
JR埼京線・川越線
16
西大宮
JR湘南新宿ライン高崎線
うどん
指扇
旧高木駅
橋脚遺構
三橋五丁目
交差点
西武
大宮線跡
中央
デパート
珈琲館
伯爵邸
湯快爽快
湯けむり横丁
大宮
JACK大宮
どんどん
漫々亭
高島屋
いづみや
本店
多万里
食堂
荒
川

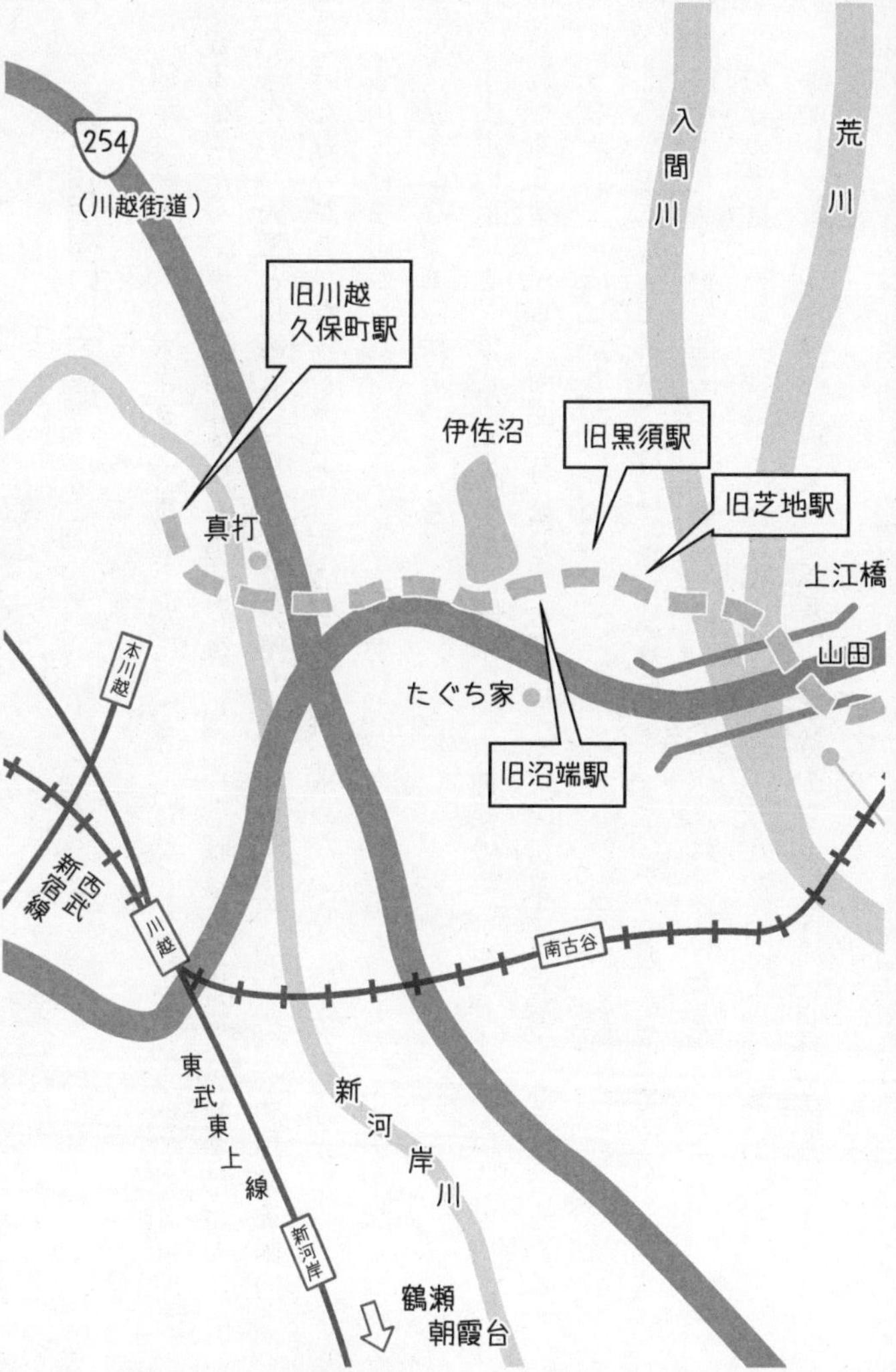
254
（川越街道）
入間川
荒川
旧川越
久保町駅
伊佐沼
旧黒須駅
旧芝地駅
真打
上江橋
山田
たぐち家
旧沼端駅
本川越
西武新宿線
川越
南古谷
東武東上線
新河岸川
新河岸
鶴瀬
朝霞台

謎の超短い地下道

前章は路線バスで大宮まで移動したが、ここからは徒歩に切り替え、大宮駅周辺に残る宿場から発展した街の面影を追った後、小江戸と呼ばれた川越へと足を延ばしていきたい。**大宮と川越**というと、全く分離した都市のようだが、かつて**両都市を繋いでいたものがあったらしい**のだ。その痕跡を追い求めながら、探索してみよう。

氷川神社参道から真っすぐ延びる道を進むと、大宮駅という一大ターミナル駅らしい、賑やかな繁華街が迫ってくる。

中山道の宿場として古くから栄え、関東の氷川神社の総本山を有するという歴史も威厳もある街ながら、周囲を見渡しても携帯ショップにラーメン屋とどこにでもあるようなチェーン店ばかりが目立つ。

そんな中にも具《つぶさ》に見ていけば、現在の発展に至る大宮の痕跡が見えてくるものだ。東口ロータリーを目前とした、髙島屋のある交差点には、煤《すす》けたコンクリートのゲートが今の光景に不釣り合いな具合に鎮座している。なんかスゴく廃墟感があるぞ。導かれるかの如く地下道に入ってみると、チカチカと目に痛い明滅を繰り返す蛍光灯が背の低い薄暗い通路を浮かび上がらせる。なんだか上野駅の**戦後からの地下道**を彷彿とさせるが、駅方面へ進むと、かつて商店があったと思しきシャッターが降りている箇所がある。中からは音が聞こえる場所があり、近づくとなんと調理場で作業をする料理人がいるではないか。

実は地上にある商店群が地下にも同じように連なっており、上の店の料理場や、別店舗が入っているテナントになっていた。

往時の大宮駅周辺はこんな雰囲気ではなかったかと想像させるような、**異様に昭和臭い空間**になっているのだが、この交差点角には**中央デパート**というローカル百貨店があった。地下道は直接連絡していないが、中央デパートへ行く導線になっており、同年代に買い物客で賑わった場所だった。既に中央デパートは取り壊され、2021（令和3）年に複合商業ビルに生まれ変わるよう

シャッターの中から音が!?

だ。

筆者が通っていた高校のスクールバスが大宮駅発着だったこともあり、放課後に中央デパートのゲームセンターによく行った。駅前には最新のピカピカなゲーセンもあるが、中央デパートのは絨毯《じゅうたん》にテーブル台が並ぶような**古びたゲーセン**で、当時としても古いゲームが結構稼働しており、その雰囲気がとても気に入っていた。

中央デパートには大宮市（当時）のカルチャーセンターが入っていたほか、**屋上はパターゴルフ場**になっており、疲れた営業マン風の人などが休憩していて全体にアンニュイな空気が流れていた。高校卒業後、大宮に来る機会があると寄っていたが、次第にフロアごとテナントに貸し出すようになり、パチンコ屋やカラオケ屋ばかりの建物へと変わっていった。

最後に来た時は、虎がこちらを睨みつけているセーターが売っているような婦人服の店が1階に入っているくらいで、ほかはチェーンの居酒屋とか特色のない古びた雑居ビル化してしまっていた。地下道も最後まで営業していた**演歌のカセット**を売って

ローカル百貨店「中央デパート」

いるレコード屋もなくなるなど、ほとんどの店が閉まっており、昭和の大宮の終焉を感じた。

路地空間のゴージャス大箱喫茶店

しかし昭和の大宮を色濃く残している店は、この近所にまだ営業を続けていた。地下道のある交差点から駅へ向かう道の北側には、アーケード商店街が広がっている。その中に、かつて西武百貨店だった現ロフトなどが入っているが、この商店街の一本裏路地、**住吉通り商店街**に入ると、きらびやかな駅前とは対照的な薄暗い路地空間が広がっている。

その中ほど、パチンコ屋の手前に、最近見なくなった大箱喫茶店**珈琲館伯爵邸**がある。

入ってみるとビックリ。杉本彩かってくらいゴージャス！ 照明も窓ガラスも隙あらば模様が躍り、インテリアの壺にはイミテーションの蔦が絡まっている。壁際の席の椅子は全てエンヂ色のベッチン。伯爵邸というだけあって、**庶民的な伯**

爵のイメージに彩られている。本当にこういう無駄さ加減、よくいえばユトリって、見受けられなくなって久しい。

なんてゴージャス!

客層はオッサン・オバチャンが一人だったり複数人だったり、中には和服マダムがいたり。ロフトの中抜けだろうか、制服を着たチャンネーが煙草をふかしている。各々気ままに自分スタイルでくつろいでいる。そしてほとんどの客が食事をしている。デカくて重いメニューからオーダーを選び、待ってる間改めて店内を見回すと、入口脇のレジ下は昭和喫茶のお約束、新聞雑誌ラックになっている。何があるか見てみると、『鉄道ジャーナル』１９８３（昭和58）年４月号があった！ 転換期のローカル列車だって。この時点で既にローカル線は転換期だったのか。このおよそ４年後に

JRになってローカル線は転換期どころの騒ぎじゃなくなるんだけど、昭和な空間で昭和なニュースを知ることになるとは。

そんなこんなで、**オムライス**850円の登場。デカっ！　数あるデカ盛と比すれば通常サイズのギリ範囲内だろうが、1合はあるかな。フツーのオムライスの倍くらい。やや薄めの味付けの**ケチャップライスに薄焼きタマゴ**が巻きつけてあり、その上にアホみたいに真っ赤なケチャップが垂らしてある。まさに子供食、でもこれこそオムライスでしょ。

これはもう喫茶店というよりレストラン

中の米はペチョペチョ気味で、アンチ・パラパラ派としてはこの上なく嬉しい。またタマネギの量が多く、タマネギの甘さがまたいい。

加えてもう一品。**ベーコンエッグ&ハンバーグ**880円という名前だけでコレに決めた。玉子とハンバーグって、食糧難の時代でもないのになんだかソソられる。ハンバーグは小ぶりで、セットのご飯なども和食然とした膳で量もフツー。

しかしハンバーグは小ぶりな割りになかなかやるもので、そんなに粗挽きではないのだが、タマネギがタップリ入っていて、その上生姜が効いていて、ザクザク食べさせてくれる。ソースが控えめでほとんど塩で食べてるような状態。**ハンバーグの味がダイレクト**に堪能できるつくりで非常に好感が持てる。

付け合わせのベーコンや野菜炒めもいい感じに炒められており、これはもう喫茶店というよりレストランといっていいだろう。食後のコーヒー（ドリンク＋２２０円）でまったり残りの時間を過ごす。こういう風に過ごせるのも、ゆったりとした造りの空間ならでは。

数少ない喫茶レストランだが、これだけ賑わっているのだ、もう少しあってもいいようなものだが、なかなか経営が難しいのだろうなぁ。ともあれ、これは実に使える。なんてったって**24時間営業**。ＮＨＫの『ドキュメント72時間』で取り上げられてからは混んでいるようだが、空いてそうなタイミングを見計らって、またゆっくりしに来よう。

北銀座赤線跡を行く

伯爵邸を出て北へ、商店街のエリアを出たところで大栄橋《たいえいばし》という駅の東西を結ぶ大きな陸橋にぶつかる。この高架下で軒を連ねる一角に、**「埼玉県特殊浴場協会」**という看板が。あまりにフツーに堂々と書かれていてビックリしたが、ここから北側一帯は**かつて赤線街**だった。

「埼玉県特殊浴場協会」の看板

埼玉は群馬と並んで廃娼県として知られており、売春宿があってもモグリの青線とばかり思っていたが、実際は**達磨《だるま》屋という銘酒屋**（飲み屋を装い私娼を抱えた売春店）が県内に結構あったようだ。1919（大正8）年にこの中から32箇所が公娼となり、戦後赤線になった。

その後、吉原のようにソープ街となったが、エリア内に入ってみると、

「酒の店」って看板が倒れてる廃墟を発見した。さすがに銘酒屋の名残じゃないとは思うが、路地の奥の奥へと進むと、ほかにもかつての赤線地帯を彷彿とさせる**木造平屋建築**が散見できた。

ソープも現役店が結構あるが、看板が破れてたり、建物のモルタルが剝がれていたりと年季の入った様子が窺える。そんなソープは年々数を減らしている矢先の２０１７（平成29）年12月、Kawaii 大宮という風俗店から出火、５人が死亡し大きなニュースとなった。

外観はポップなピンクを基調とした佇まいの店だったが、建物自体は築50年以上経っていた。増改築は出来るそうだが、なかなか今日では経営的にそこまで手が回らず、事実上野放しになっている。

この一帯、チョット前までは**ネグリジェのオネェちゃん**が出入りするわ、**ポン引き**がうろつきはじめるわで、ロクにウロウロできなかったが、年々風俗街としての顔は

かつての赤線地帯を彷彿とさせる

薄れつつある。

娼館みたいな廃墟が！

北銀座があるということは、南銀座もある。高島屋の交差点の南側に当たるが、地元民には「**南銀（ナンギン）**」の名称で知られ、こちらは**現役の風俗店や飲み屋が密集**しており、高校生はカツアゲにあうという、いわゆる繁華街の盛り場然とした一角を保っている。

旧宿場を忍ばせる木造家屋

しかし、♪ロンドンロンドンロンドン愉快なロンドンでお馴染み「キャバレーロンドン」は廃墟みたいになっているし、かつての勢いは相当に影を潜めている。しかし、ところどころに、銅板の看板だけが生き残ってる酒屋など、旧宿場を忍ばせる木造家屋が

ある。

中でも度肝抜かれたのが、表通りの旧中山道沿いに出たところにある、**娼館みたいな廃墟**。バス停前にドカンと佇み、知らずに通りかかって発見した時はメチャメチャビビった。娼館かどうかわからないが、赤線がこっちにまで広がっていた可能性を感じさせる。娼館でなかったとしても、**下見板《したみ》張り**の風化具合や、細部の細かな意匠を見る限り戦前物件だろう。こんな好立地にこんな物件が、蔦が絡まりまくったまま残っているなんて、奇蹟としかいいようがない。

埼玉のレジェンド大衆酒場

南銀へと至る、駅から一番近い入口のところにデン！と構える大衆酒場がある。これまでも何度か触れてきたが、大宮、いや**埼玉を代表する酒場**といっていい「**いづみや**」の本店だ。

外観は隣り合う第二分店の陰でひっそりとしているが、入店した瞬間、うわぁ〜っと熱気が体中に入り込んでくるような、独特の空気で満ちている。昭和的というよりアジア的ですらある。

長いテーブルが縦に3筋、前後合わせて6本。通る場所がないほどに密集してオッサンが座っている。奥のほうが常連席っぽいのだが、店のオバチャンはガンガン前に来て空いてる席に座れという。

右壁際はテーブル席で、左側は壁に沿ったカウンター席。この壁際カウンターのオッサンがかなり力入っていて、前方テーブル席は酔ったオッサンたちで陽気なのだが、壁際はドヨ〜ンとデンジャラスな暗雲が垂れこめている。

その壁面にはメニューがズラリ。とりあえず**コップ酒（滝政宗）**250円と煮込み170円で乾杯。以前はコップ酒に二級と一級があって、特に指定がなければ二級が出された。日本酒はその昔、特級・一級・二級と区分されていて、特級には審査があり、高い税率が課せられていた。審査を受けないものは全て二級とされ、税金逃れで大衆酒場の多くは二級を扱っていたらしい。さすがいづみや、その名残が最近まで残っていたとは。

これが「いづみや」だ！

コップ酒と煮込みで乾杯

客は基本一人だが、隣り合う知らない同士が適当にその場限りのトモダチになると、たまたま隣にいたオッサンが教えてくれた。注文は混んでいてなかなか出来ないが、オバチャンにオネエサンと声かけすると比較的通りやすいともご教示頂いた。

見ると何十人というオッサンのオーダーを2〜3人のオバチャンで受け、厨房のオヤジさんが基本一人で調理している様子。人間業とは思えないが、そのオヤジの顔からは笑顔なぞ窺えようもなく、30倍機敏にしたC－3POみたいな動きとともにマッハで注文を次々捌いている。

この煮込み、激安なだけあって量はそこそこしかないが、汁はとろんとして超濃厚。甘さとネギの辛みとのバランスが絶妙。学校の給食センターかってくらいの大鍋に大量にストックしてあり、これがオヤジさんの作業軽減に一役買っている。

そして、ここにきたらコレを飲まなきゃという**梅割り**250円。かつては居酒屋メニューの代名詞。今でいう本物の梅が入った梅酒ではなく、**焼酎のストレートに梅エキス**というなんだかアヤシイ液体をチョボンと垂らすとブランデーのような色合いになるという代物。ここでは既にエキスがブレンドされたものが一升瓶に入っていて、お代わりするとコップに一升瓶ごとコポコポとオバチャンが注いでくれる。これが妙にチープな味で、駄菓子魂に火がついてしまった。これウマイっすわ。

最後は串かつ370円とハムカツ300円に半ライス190円を付けた。カツはそんなに衣がボッテリとせず、結構あっさりと揚げている。中は当然アツアツで、しっかり男の子味に仕上げてきている。そつのないこと極まれり。

どれ食ってもこんなにウマイのに、オッサン連はみな口を揃えて、まずいだの、来てやってるだの言ってはオバチャンにちょっかい出している。オバチャンもサラリと受け流す。この間がこの店を作り上げている。それはそうなんだけど、こんなにウマイのをこの値段でしょっちゅう食べてるオッサン連はなんと贅沢、なんと幸せなことだろう。

そしてレジェンド大衆食堂

昭和の大宮を色濃く残している店はほかにも残っている。いづみや脇の薄暗い路地を抜けると、高島屋の裏に繋がる。そこにひっそりと佇んでいるのが、戦後まもなくに創業した**食堂多万里《たまり》**。

暖簾をくぐれば、まさにそこは昭和駅前食堂の世界。**入口で食券を買うシステム**で、御代を払うとカラフルなプラッチックの板を渡してくれる。メニューは麵之部と飯之部に分かれ、タンメンや玉子丼など一通りの食堂メニューが揃う。デパートのお好み食堂が高島屋の上から降ってきたような錯覚を覚える。

テーブルの端に食券を置くことしばし、券と引き換えに餃子400円の登場。餃子は小ぶりのものが6個。サクサクと食べやすい。こういうものにはやはりラーメン650円を合わせたい。皆さん期待通りのあっさり醬油ラーメン。やや甘めの醬油ダレで、意外といっては失礼ながらしっかりコクがあって、期待の斜め上をいく満足度！で、**塩ラーメン650円が、まぁ凄い**んですわ。サッ○ロ一番 塩らーめんはこの味を再現したんじゃないかと思うくらい。でもインスタントっぽさはなく、思いっきり手づくりにした感じ。マッタリ感を残しつつ、コショウの風味が後からビンビン効いてくる。柔らかめの細麺との相性もいい。初めて食べるのに舌に馴染んだ懐かしさを覚える。

チャーハン８００円はナルトの入った**町中華のしっとりチャーハン**。さっぱりそうに見えてしっかり油っ気もあり、玉子、ネギ、チャーシューと王道の具材で食べごたえがあるのも嬉しい。

いやはやなんとも不思議な体験をしたなぁと思いながら店を後にした。なんだかタイムスリップして現実に戻ってきた気分だ。

本誌の表紙撮影にもご協力頂いた

「西武大宮線」を知っていますか

駅の反対側に行ってみよう。西口は東口に比べ開発が遅れた分、コンサート会場として知られる大宮ソニックシティなど高層ビルが建ち並び、それらをデッキが繋ぐ近代的な駅前となっている。

大宮駅の新幹線ホームにくっつくように、ほかの在来線から離れた場所に**ニューシャトル**と呼ばれる新都市交通（レールの上ではなくタイヤで走るゆりかもめのようなもの）が発着しているのだが、戦前にはこのニューシャトルの駅がある脇辺りに**西武大宮線**の停車場があったという。

こんなところに西武の電車が？　にわかに信じがたいが、そもそも西武大宮線ってなんなのかから述べておこう。線路自体は中野の鉄道大隊が演習用に敷設したものらしい。1906（明治39）年に**川越電気鉄道として開業**。いわゆるチンチン電車で、東京市電からの払い下げを使用していたようだ。

経営は当初、武蔵水電という国鉄の大宮工場（敷地の一部は現・鉄道博物館）や所沢飛行場に電力を供給していた会社だった。西武新宿線の前身となる川越鉄道の電化に伴い、１９２０（大正9）年に川越電気鉄道と合併。スグ１９２２（大正11）年には旧西武鉄道となり、西武大宮線と改称されたって流れ。

しかし１９４０（昭和15）年に現在も走る国鉄の川越線が開通したことで廃止。**34年間という短い歴史**に幕を下ろした。

というわけで早速、廃線跡を辿ってみよう。

ダイエーとニューシャトルの間のカーブを抜け、現在ＪＡＣＫ大宮というプラネタリウムやＮＡＣＫ５の入るビルに沿って線路が通っていたようだ。ここから国道17号の通る交通の要所、桜木町交差点へは、いきなり歴史のありそうな樹木絡まる教会脇の駐車場を抜けねばならないようだ。

ニューシャトルの高架（上）、教会脇の駐車場を抜ける（下）

急に廃線巡り感が出て、およそ近代的なビルが建ち並ぶ駅前とは思えない光景。この一角にこの界隈で有名なご当地B級グルメ・**スタミナラーメンの漫々亭**がある。

そもそもは西口どぶ板通りと呼ばれた一角で発祥した激安中華店で、大宮・浦和界隈に展開し、**娘々**《にゃんにゃん》という系列店を含め「**漫々娘々系**」と呼ばれ、地元で親しまれている。今ある大宮店は創業地とは別店舗。教会の奥にヒッソリと佇んでいるが、店内はさらに**激シブな空間**が広がっていた。

縦長のカウンターが延び、歳月から手垢で木がテカテカしている。完全オープンキッチン状態で、丸太を縦に置いたような削れる俎板《まないた》が年季入ってる。年配のご夫婦で、なにやら愚痴をこぼしながら仲良く営業している様子。

で、やってきました、**スタカレー**450円。これはスタミナラーメンの麺をライス

カレー味ではない「スターカレー」

に代えたもの。盛り方がカレーっぽいことから名付けられたが、**カレー味ではない**(創業店ではカレー粉が入っていたようだが)。

スタミナ餡は、麻婆茄子の茄子の代わりにニラが入ってるものだと思っていただきたい。醤油味のスープにニラ・挽き肉・豆板醤を入れているそうだが、豆板醤のピリ辛具合がポイントで、ご飯が実にすすむ。餡といってもそんなにドロドロしておらず、炒(チャー)した特有の熱せられた直線的な熱さを感じる。ご飯はやや柔らかめで甘みがあるものなので、ピリ辛とのバランスがいい。

具がほとんどないし、ご飯も多いわけではないが、挽き肉が物足りなさを感じさせないし、ここならではの味ではある。夫婦経営の小規模店のよさ、手作り感がより感じられる一杯だ。

桜木町〜三橋 feat. プレハブうどん

再び教会の前から路地を進むと、桜木町交差点に出る。ここから旧国道16号となる、県道2号さいたま春日部線をひたすら進むが、交差点脇から不自然にユル〜くカーブを描く側道が、線路跡だったようだ。

しかしそこ以外これという見どころはなく、しばらく片側1車線の道が続く。と、急に何車線もある大通りに出る。新大宮バイパスの中でも渋滞で知られる超ホットスポット、**三橋《みはし》5丁目交差点**だ。沿道には有名チェーン店ばかり目立つが、島忠家具の駐車場に、**ローカルうどん**の店**どんどん**が最近まで営業していた。

よく郊外型のディスカウントショップやスーパーの駐車場には焼き鳥やタコ焼きの屋台を見かけたが、ここにはDVDと書かれたプレハブ小屋みたいなのが建っていたのだ。近所には個室ビデオもあるし、どう見てもエロDVD屋にしか見えない。裏に回るとヤ○ザがスタンバってて裏ビデオの売買をしてそうな雰囲気だ（そういう昭和噺《ばなし》を千葉出身の旧友から聞いたことがある）。

そのDVD屋に用事があるわけではない。隣にもう1つ、うどんの看板を掲げる**小さなプレハブ小屋**がくっついている店がターゲット。外壁には沢山のメニューが掲げられ、うどんのほか、定食に天丼とまぁ色々揃っている。それでいてなかなかにリーズナブル。

中に入ると、いきなり目の前にパートらしき女性が立ち尽くしている。どうもこの入口カウンターで先に注文するらしい。うどんとトッピングを告げると番号札を渡され、冷えた麦茶を汲んで窓際の席につく。

入口脇にはコミック棚があり、かなりの冊数だ。スポーツ新聞も置かれていたので、それを手にとって待つことしばし。先の女性店員が番号を呼ぶ声がして席を立つと、目の前まで持って来てくれた。

小うどん麺半玉250円は、**これが半玉なのかという凄い量**。300gは優にあるだろう。エッジの立ったうどんにソソられるが、食べてみるとコシというより角張ってるだけで、かなり軽い食感。汁もライト。

豚天 300 円でこの量!?

気を取り直して天種に。豚天をチョイスしたが、300円でこりゃ多すぎないか。デカイ天ぷらが4切れにシシトウ付きとは正気の沙汰ではない。そういえば注文時、ポン酢かタレか聞かれポン酢と答えたが、何もかかってないじゃないか。卓上の調味料を見ると、ポン酢と書かれた醤油差しが。自分でかけるんかい。

にしてもこの豚、そこそこ厚みもあってほんのりピンク色。肉自体の脂身はほとんどないが、フンワリと揚がっていて肉の甘みも十分。正直、最初は食べきれるか不安だったが、揚げ自体はハードではなく、気づけばサクサク食べ切ってしまった。

天丼がイチオシと書かれていたが、それも納得の揚げたて天ぷらだった。勝手が分かったので、今度は涼しい時期に揚げ物や煮込みでガッツリいきたい……と思ったら、いつの間にかなくなっていた。**袋屋うどん**という地元人気うどん店の系列らしいので、こりゃいつか行かねばなるまい。

旧上江橋の橋脚で危うく……

ここで三橋五丁目交差点のすぐ角にある**湯快爽快湯けむり横丁おおみや店**にも触れておこう。敷地に入ると木造旅館風の大きな施設がお出迎え。店内は千と千尋の湯屋みたいな（見てないんだけどね……）木をふんだんに使ったお祭りチックな空間。全体が木の焦げ茶色に包まれ、間接照明のような温もりを感じさせる。

2階の風呂に行くと、露天は全て温泉。熱め・ぬるめ浴槽はもちろん、寝風呂までかけ流しなのだ。ぬる湯は38℃。長湯好きとしてはこれは有り難い。温泉は透明にやや濃い緑がかった湯の色で、ヌメりもある。ややしょっぱめ。

最近、壺湯のあったスペースはリニューアルして流行りの高濃度炭酸泉になった。なかなかきめ細やかな泡がたくさん付き、低温度でじっくり入っているとじんわりと体の芯まで行き渡っているように感じられる。これだね、炭酸泉は。あぁ、出たくないわ。

高温サウナでガッツリ汗をかき、再び露天に戻って外気浴と炭酸泉の繰り返し。あっという間に2時間になってしまった(2時間割引がある)。夜になると空には月とちらほら星が窺える。広い空を眺めてのぬっる〜い温泉は最高だ。

温泉を出て、三橋からさいたま春日部線を進むと、西武大宮線を廃線へと追い込んだJR川越線の高架が見えてくる。すぐそこが指扇《さしおうぎ》駅だ。道は線路をアンダーパスするのだが、

千と千尋っぽい空間

この手前に**埼玉のソウルフード**、カカシのマークの「**山田うどん**」が出迎えてくれる。

関東北部を中心に展開するうどんのローカルチェーンだが、個人的には「**パンチ**」と称されるモツ煮込みがイチオシ。大衆酒場顔負けの濃厚煮込みで、定食のトロロと一緒にカッ込むのが最高。で、この山田の裏手に、**西武大宮線の高木駅**があったらしい。

山田うどんの裏に駅があったらしい。上は「パンチ」

山田の前の道を進むと、ジャンクションのようなランプレーンがあり、現在の国道16号とぶつかる。この先で入間《いるま》川を越えるのが、ラジオCMでも有名な自動車教習所がある上江橋《かみごうはし》。河川敷に教習所を作るのは珍しくないが、ここは川幅以上に河川敷が信じられないくらい広い。しかも川を2つも渡すので、橋の全長が3㎞以上ある。行けども行けども対岸に着かない。

河川敷にはゴルフ場もあるのだが、その手前に**水門**があり、それが三兄弟みたいなシルエットで間抜けながらデカくて怖い怖い。もうやだなぁと思いつつも水門の反対側を見ると、何やら**神殿の柱**のようなコンクリートの物体が、雑草の中に佇んでいるではないか。

間近でどうしても見たい。慌てて踵を返し、先のランプレーンの交差点から反対車線に渡る。

反対側も河川敷はゴルフ場になっているが、コース以外の部分は雑木林で鬱蒼として怖い。橋から降りて沿うように延びる脇道があって、これでゴルフ場脇の荒川の際に出られると思ったが、道が舗装されておらず、橋脚まで辿り着けるのか分からない。スグにこの脇道には行かず、橋の歩道から脇道の先がどうなっているか見てみることにした。するとなんと先は行き止まりで**崖になっていた**のだ！危うく真っ逆さまに河川敷に落っ

水門の反対側に謎の建造物が

こちるところだった。危ない危ない。

幸い、歩道の途中から土手に降りられる階段が設置されていた。なんという親切設計。ほかに何もないしどこにも行けないので、これを見るためだけの階段としか思えない。ありがたく階段を使って近くに行ってみることに。間近で見上げると、神殿のような下が太い円柱のシルエットが、惚れ惚れする程かっこいい。最初は西武大宮線に架橋していた橋の遺構だと思っていたが、設置されていた案内板によると、現在の上江橋の前に架かっていた**旧橋の橋脚**だという。廃線の遺構ではないのは残念だが、何にしてもかつての１９６０（昭和35）年完成当時の名残であることにかわりない。

築堤の先はなんと崖

西武大宮線唯一の廃線跡遺構！

興奮冷めやらぬまま上江橋を渡り切り、16号をさらに進む。西武大宮線は**16号の北側**を走っていたようなので、廃線跡を辿りたいところだが、北側は農業用水路のような旧荒川に遮られ、さらに川の奥は深い緑の放棄地のような場所で、フェンスに覆われて辿り着けない。

困ったもんだよと呆然としつつ進んでいたら、旧荒川がカーブして16号沿いから離れていくではないか。真新しい住宅街のような場所に入る路地があったので、そこに向かうと、旧荒川から分かれたような小さな水路を発見した。

住宅街に小さな水路が

そこに、見過ごしてしまいそうな程の**小さな橋**が架かっている。道路と橋桁《はしげた》の水平レベルが一緒なので分かりづらいが、欄干がゴミ収集所を兼ねており、その金

レンガ造りの橋台の跡!!!

網越しに細いコンクリの水路が見えたので辛うじて気づくことが出来た。

実はココ、黒須駅と芝地《しばち》駅の間の線路に架橋された**橋台の跡**なのだ。西武大宮線唯一の**廃線跡遺構**を遂に発見！　水路側に降りて橋を横から見ると、支えてる部分が**レンガ造り**だ。横に長く段になっており、プラットフォームのような様相を呈している。近づいてみるとボルトのような突起物が。レンガは欠けているが、70年近くほぼ放置状態のものとしては状態がいいのではないだろうか。現在の橋の下には川越市の石標が打たれているが、行政よ、ゴミ捨て場はなんとかならなかったのだろうか。

武蔵野うどんの「きのこ汁」

再び16号に出たところでうどん屋（**自家製うどん　たぐち家**）の看板を発見！　川越も武蔵野うどんのメッカ。こりゃ行くしかないでしょ。

いかにもな街道沿いの客引き看板からするに、どんなヤサグレた外観がお目見えかと思いきや、そこには小綺麗な純和風の一軒家が佇むのみ。玄関には確かに暖簾が掲げられている。車も止まっているし、ここなのだろう。

外観に見合わずリーズナブル

入るといわゆる三和土《たたき》があって、横の下足棚に靴を入れて上がる。威勢の良い店員に一人か聞かれると、カウンターに通された。基本テーブル席なので、カウンターといっても隅っこのデッドスペースみたいな細いところに大人が**3人も座ればイッパイイッパイ**な設計。

しかし目の前はガラス張りの製麺室がドーン。その時は打ってなかったものの、粉の袋もあるし、こりゃ特等席。

メニューは色々あって、どうも**きのこ汁**が売りのよう。これが600円で、大盛りまで無料とは太っ腹だが、並盛りで頼んでも結構な量だった。外観に見合わずリーズナブル、と気を良くしたのも束の間、つけ汁を見て驚いた。豚バラにネギがタップリなのは望むところだが、そこにシイタケの細かいのがコレでもかと入っていたのだ。きのこってシイタケかい！　苦手なんだよなぁ。

でもこのつけ汁、よくある甘辛汁ではなく、あっさりとした薄口で、じんわりダシが効いて、仄かな甘みが広がる代物。つけ汁としてどうこうというより、これ**単体で十分なお味**。しなしなに汁の染みたネギがタップリなのは嬉しい。

うどんは捻りの効いた**いかにも手打ち**といった風情で、ちょっと自分には柔らかいかなと思ったが、粉っぽい食感と風味はバツグンで、うどんと汁、それぞれセパレートに食う感じで楽しめる。

昼ピークも過ぎようというのにかなりの人で埋まってて人気の程が窺えるが、この辺の人は平日の昼間からこういうもんを嗜んでいるのかと、今さらながら地文化に驚かされるのだった。

のどかな伊佐沼〜小仙波

ここから先、廃線跡の風景はしばらく田んぼが続く。

すると、長い歳月を経たと感じさせる風合いの建物が目に飛び込んできた。沼端《ぬまばた》自警隊と書かれ、裏には火の見櫓《やぐら》もあるので地元消防団の備品が収納されていると思われる。この辺りに**西武鉄道大宮線の沼端駅**があったというので、てっきりこれが駅舎か倉庫の名残かと思いきや、全く違うそうで、遺構はなかなか残っていないとは聞いていたものの、チトがっかり。

その先で伊佐沼《いさぬま》に出た。この沼、実に広い。見渡す限り薄灰色の水面が広がり、人工的に護岸工事したようなコンクリのフラットな水辺ながら、スグ足下まで水面が迫っている。この近さで水辺を感じられることが日常ほとんどないので、新鮮に映った。

線路は伊佐沼脇から16号に入り、しばらく並走していたようだが、時折ホンの小さな脇道が一部だけ不自然に分岐してはスグ合流している箇所に出会う。恐らく国道の方が本来の道ではなく、真っすぐに作りなおされたものなのだろう。線路跡はこの旧道のような方だと思う。

田んぼ道が続き、伊佐沼へ出た

その旧道側に逸れると、九十川《くじゅうがわ》という雑草ボウボウの用水路のような川を渡る欄干が黒ずんで**歴史を感じさせる橋**に出る。二枚橋といって親柱には「大正十三年八月竣功」と記されていた。ということは、この橋の上をチンチン電車が走っていたのだろうか。実は線路はこの脇道と国道の間にある窪みのようなところを走っていて、かつては木橋だったそうだ。**田んぼの中を走る電車**はさぞ絵になったことだろう。

この先16号の沿道はパチンコ屋や個室ビデオなど、混雑する国道脇らしい店が軒を連ねるようになる。突如、立体交差が頭上にデンと現れた。16号と国道254号（川越街道）がクロスするところが**小《こ》仙《せん》波《ば》交差点**。渋滞地点としてラジオの交通情報で耳にしたことがあるだろう。

ニューウェーブ系武蔵野うどん

ここから川越街道に入り、すぐ県道の川越日高線へ折れる。すると、またまた武蔵野うどんの店を発見。今日はうどんを食いまくるぜ。

この橋を電車が走っていた？

塩のつけ汁とは珍しい

こちら**真打**《しんうち》は、一見チェーンっぽいが、シックな外装で店内も照明落とし気味、テーブル等も黒っぽい落ち着いたトーン。とはいえお高い感じではなく、窓際のテーブル席をメインに、センターの大テーブルも地元客で賑わっている。

一人客は大テーブルのようで、適当な場所に腰を下ろすと、女性店員が卓上以外の**ダブルつけ汁**なる別メニューをお冷やとともにサッと持ってくる。フロアはこの若めの女性二人で回しているのだが、実に気の利いた明るい接客で、無駄に威勢がいいだけでモッサいバイトねーちゃんとは明らかに一線を画している。

で、やって来ました、しお肉汁並６８０円＋かしわ天１１０円。武蔵野うどんといえば、甘辛い醤油のつけ汁が定番だが、塩は初めて見た。ダブルつけ汁も気になったが塩ラーメン好きとしてはスルーできない。

まずつけ汁のみズズッといかせてもらうと、鰹かな、透明な汁ながら魚介ダシがじんわりと効いている。上品でいて、なおかつ旨みが凝縮した**上等な塩つけ麺**を食べているかのよう。ダシには鰹のほか鶏や豚といった動物系も入っているようで、コクがある。

豚肉は厚めのバラ肉だろうか。長ネギは白い部分が多めだったが、シャキッとした歯ざわりが心地よく、最初あまり火が入ってない感じながら、熱めのつけ汁にシナってくると甘みも出てきてつけ汁によく馴染む。

麺は太めでエッジの立った密度の高いもの。噛み応えもあって、讃岐うどん寄りな気もするが、食べてみると粉っぽい食感とネチッとした歯ざわりはまさしく武蔵野うどん。

かしわ天はチキンナゲットのような食感で面白い。衣もカラッと薄くサッパリめに揚がっている。

そうそう、**残ったつけ汁をダシで割る**ことができる。つけ麺のスープ割りのようなものだが、これが動物系と思われるコクがまたじんわり増して美味。最後の一滴までつけ汁を味わうことが出来た。

武蔵野うどんとしてはニューウェーブというか変化球系ではあるが、基本を活かしつついい具合に進化していると思う。興味深い体験が出来た。

終点・旧川越久保町駅に到着！

で、この店の裏手が用水路になっているので、小川を思わせるキレイな光景を脇目に見ながら進んでいこう。この用水路は道路脇の凹んだところを流れていて、しばらく県道と並走している。

しばらく進むと県道と分かれる、道路より低い位置に家々が並ぶ道を見つけた。住宅側が本来の土地のレベルで、道の部分だけこんもりと盛土された感じの、**いかにも線路跡**といった形状だ。周囲にはトタンの錆びた平屋が建ち並び、また神社もあることから、この道が古くからの道であると見て取れる。

ここを進むと、**西武大宮線終点の川越久保町駅**。現在は東京電力川越支社と川越市立中央公民館となっている場所。かつて電力会社が運営していただけあって跡地が東電とはチト出来すぎた話か。

この川越久保町駅の線路は両建物をグルッと取り囲むように配され、車両の方向転換のためのループ線となっていた。唯一この線路跡を示すものとして**案内板**が東電入口脇に設置されている。また公民館の駐車場脇に広場があるのだが、**ここが位置的に車庫**だったようだ。

産業遺構的な見モノとなる続々と出てくるような廃線跡ではなかったが、思っていたより名残はあったし、何より、点と点の移動になりがちな現在の電車での移動では感じられなかった、武蔵野うどん店や雑木林、沼といった、都市の狭間だからこその郊外の風景と出会うことができた。歩かないと気づかないことってあると再認識させられた。

奥へと続く草むらが線路跡

昭和2年頃の久保町駅構内と駅前図

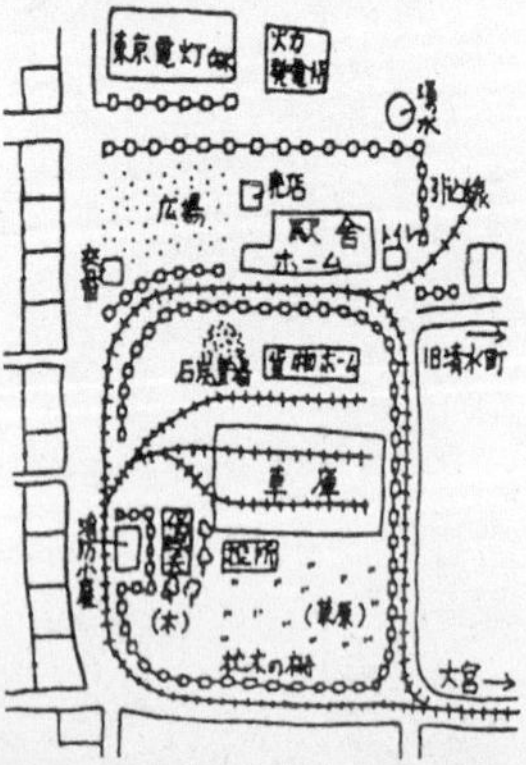

かつての駅に思いを馳せる

コラム3
大宮～鴻巣路線バスの旅

路線バスの旅、大宮からさらに北へと続けていたのだ。とてもじゃないが全行程は書ききれないので、コラムとして紹介しよう。

大宮氷川神社の北側には盆栽町という町名があり、その中に**盆栽園が林立する大きな1区画**が存在する。緑に囲まれた閑静な住宅街のような趣で、軽井沢みたいな雰囲気さえ感じられる。

それもそのはず、大宮公園一帯は明治の頃には東京から近い避暑地として開発され、料亭なんかを作って、一大レジャー施設にしたという。今も桜の季節は花見客でごった返しており、屋台で買ったフライドポテトをつまみつつ、地サイダーの「盆栽だー‼」をラッパ飲みするなんて花見をしたことがある。

盆栽園へは自由に入れるところが多く、盆栽を買わなくても見学OK。園内では外国人が働く姿をよく目にする。日本の文化に魅了されて、修業に来ているようだ。自分が日本人であることが恥ずかしくなるほど、よく勉強されているのだろう。

盆栽園（上）、「盆栽だー!!」（下）

盆栽のことは分からなくても、緑を感じながら気分転換にプラプラ散歩するにはもってこいの街だと思う。

盆栽町には、**盆栽踏切**がある。単に盆栽町にあるJR宇都宮線の踏切というだけなのだが、周囲には**盆栽公園**や**盆栽団地**まであって、名前を見ているだけで面白い。盆栽踏切という名のバス停もあり、大42という大宮駅から宮原駅へ行く東武バスが走っている。これに乗ってみよう。

3つ目のバス停植竹町《うえたけちょう》で降り、マンションに沿った緑道を進むと、巨大なショッピングモールが現れる。ステラタウンと命名され、イトーヨーカドーやニトリ、ユニクロ、スタバなんかが入る昨今アチコチの郊外で目にする大型施設だ。カルディも入っているが、店先で配っている試飲のコーヒー、あれを一度も貰えたことがない。そんなに不審者に見えるのかな。誰か貰う術を教えてほしい。

その隣にはさいたま市北区役所があり、住宅展示場のほか、ディ〇ニーランドみたいなハリボテ感あふれる結婚式場まである。この一帯には富士重工（現・スバル）の大きな工場があって、戦前は大宮競馬場だったらしい。戦中にゼロ戦を作っていた中島飛行機の大宮製作所となったそうだが、あれ？　中島飛行機って群馬県の太田市じゃなかったっけか。太田市といえばスバルの企業城下町。調べてみると、スバルの前身が中島飛行機だった。な～るほど！

その結婚式場の隣に**スパハーブス**というスパ施設が出来た。以前はやまとの湯というスーパー銭湯で、単純泉という無色透明な温泉が出ていた。ハーブスでも同じ温泉を用いながらも、豊富なアメニティや小洒落た館内着で岩盤浴が楽しめるなど、女性が喜びそうなスパに生まれ変わっている。なので男湯の方が比較的空いていて、自分のようにヌルめの温泉とサウナを交互に使う向きには最適だったりする。

ちなみに、ここから程近い場所に、似たようなコンセプトの小洒落スパがある。ニューシャトルの高架下を利用したスーパー銭湯をおふろカフェとしてリニューアルした。

ここの改装は実に大胆で、入ると館内着で若いカップルや女性同士の客が食事をする横でバイオリンの生演奏が行われるお洒落空間が広がっている。

反面、浴室はビックリするくらい真反対の空間。手を加え

男湯が狙い目「スパハーブス」

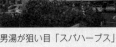

ておらず、旧態依然としたスーパー銭湯の姿のまんま。個人的にはその方が落ち着くのだが、今の人にはギャップ萌えなのかもしれない。

バスに戻って、ステラタウンからニューシャトルの**東宮原**駅へ移動。駅に併設するかのように、**高架下にラーメンショップ**が営業している。中ではスエット上下の地元ニーチャンネーチャンがタバコ吸ったり酒飲んだりしながらマッタリしている光景に出くわす。ネギラーメンはスープがまろやかで、背脂粒が小さくもしっかり固形で甘みもバツグン。豚骨よりも鶏ガラがジンワリ出てるんじゃないかってくらいのマイルドスープが堪能できる。数あるラーショの中でも思い入れがある一杯。

高架下ラーショのネギラーメン

JR高崎線の**宮原**駅までは1㎞も離れていない。この間に国道17号が走っているので、そこから大51に乗り換えて一気に**上《あげ》尾《お》**を目指す。沿道には旧街道の面影を残す家屋の出現率も上がり、バス旅感が出てくる。そして道の先にビルが見えるようになると、いよいよ上尾。

ここからは市のコミュニティバスを乗り継ぐ。市バスは地域の学校や集会所などを巡るので、全然先に進まないが、車窓を楽しむとしよう。**北上尾**へと住宅街を迂回して進むバスは、途中**極楽湯**（ここは温泉もサウナも非常にステキだ）を通り、電車で1駅の区間を40分程かけてやっと北上尾駅近くの17号付近まで来た。税務署の近くの17号へ抜ける西松屋とかがある道に、**ラーメンショップ西門前**がある。

ここは煮込みなどツマミが充実し、飲めるラーショとしての需要が高い。ラーメンにプラス350円で小ライスを付けることも出来る。名古屋の土手煮を思わせる濃い汁がインパクト大の煮込みで飲んで、〆にラーメンという最強コースがタマラナイ。

極楽湯（上）、ラーメンショップ西門前（下）

17号に出ると、ホームセンターやブックオフといったチェーン系大型ロードサイド店が並ぶ郊外らしい風景となる。そんな中、一際異彩を放つ怪しげなネオンが、**オートパーラー上尾**だ。

24時間営業で、ジュース類のほかカップ麺やパンといった自販機が並ぶドライブインは、昭和末期までは都内でも環七などで見かけた。ゲーム台が置かれるところも多いが、ここはその台数がかなり多く、地元のヤンキーの溜まり場臭がプンプンする。

自販機のうどん&トースト!!

ゲームコーナーの奥に自販機10台ほどが並ぶ。中でも目を引くのがうどん。プラスチックの器ごと冷蔵状態でうどんが入っていて、コインを投入すると熱湯で温まったのが出てくる。うどんの、コシなんか関係ねぇって感じが最高。かき揚げもタマネギや桜エビも入っていて、これを全部ぐちゃぐちゃにかき混ぜる。どん兵衛にしろ立ちそばにしろ、渾然一体となったこの状態が醍醐味。

トーストは自販機の中にトースターが入っていて、アルミに巻かれたパンがトーストされるって寸法。飲み物に瓶コーラの自販機があったのでそれを付けて焼きたてを頬張る幸せったらない。

先の税務署前から市バスの別路線で**桶川**《おけがわ》駅近くまで出る。桶川駅は**ホームに日高屋**があって、初めて目撃した時は衝撃だった。

桶川も駅周辺に旧中山道らしい木造建築が建ち並んでいる。駅近くにも昭和末期までに多くの個人商店が軒を連ねた形跡が色濃く残っていて、駐輪場になっていたりする錆びたトタンの建物に、ユルい感じのイラストやらの看板を結構発掘できる。

桶川と次の**北本**駅を結ぶバス路線がないが、旧中山道沿いにあるスパ銭、**湯楽**《ゆら》**の里**から地元丸建自動車のコミュニティバス、ケンちゃんバスが北本まで出ている。

湯楽の里も単純泉でクセがないが、39℃台でヌルく、炭酸泉もあってゆっくりできる。露天のすのこベッドに寝転がってち○こ丸出しでクールダウン。これと温泉の繰り返しがスパ銭の快楽だね。

桶川駅周辺のゆる看板（上）、湯楽の里（下）

笑顔がトレードマークのけんちゃんバスで北本駅へ。南口に以前ドムドムバーガーがあったっけ。北口ロータリーには工場への送迎バスなどが集まっている。そんな中で、小さな**鴻巣**《こうのす》市バスフラワー号に乗り込む。

駅を離れると、すぐに田畑の光景となる。神社や学校をウネウネ巡っていくと、市役所を通った辺りから街らしくなり、もうすぐ鴻巣駅というところで17号を渡る。

ここに以前、千葉発のローカル餃子チェーン、**ホワイト餃子**の支店があった。年季の入った暖簾が破れたままの激渋店で、閉店してしまったのが悔やまれる。ご主人はひたすら餃子を焼き続け、奥様らしきご婦人は奥で餃子を包み、客はほぼ一人客で黙々と、俵型の中に野菜の甘味が閉じ込められた餃子を食べ続けるという、個人経営の専門店の理想的な姿があった。この近くを通る度に、瞼にその光景が浮かんでくる。

今はなきホワイト餃子

鴻巣駅に到着。鴻巣といえば県民が押し寄せる免許センターのほか、♪人形のふるさと鴻巣、広田屋ぁ～♪と子供が歌うラジオCMも流れるほど、岩槻と並ぶ人形の街として知られている。

旧中山道沿いに昔から営業する老舗が多いのだが、住所表記をみると、鴻巣市雷電と書かれている。力士の雷電《らいでん》為《ため》右《え》衛門《もん》と関係あるのか知らないが、町内を歩いている間ずっと脳内にYMOのライディーンが流れてしまう。

さて、最終目的地へと向かおう。**加須**《かぞ》行きの朝日バスに乗り込む。東武伊勢崎線の加須駅はうどんで知られる街だ。

車窓からはチェーン系の店が窺えるのでバスは市街地のようなところを走っているのは分かるが、夜の帳《とばり》が下り、風景がさっぱり分からない。「**田舎っぺ**」というこの界隈では極太で知られる武蔵野うどんなどあるが、車窓からは窺い知れない。バスは暗闇をさらに進み、運賃だけが着実に上がっていく。だが突如、古色蒼然とした木造家屋が並ぶ風景に一変する。近くには騎西城《きさいじょう》があるので、城下町だったのだろうか。

騎西三丁目で下車。バス停も真っ暗でなんのこっちゃ分からない。トラックが行き交う国道に出ると、コインランドリーのネオンが輝くところに、大きな駐車場を完備した、ザ・ロードサイドな**ラーメンショップ122号騎西店**が出現した。

道路っぱたにテラス席があって、店内には小上がりが幾つもあるほどの大箱。甘み強めのネギと甘辛いタレがご飯にベスト

「鴻巣雷電」の住居表示

真っ暗な中にラーショが！

マッチしたミニネギ丼200円を先に食べていると、ラーメン630円が登場。背脂が少なく、見た目に透明度の高いスープだが、飲んでみるとマッタリとしたコクが感じられる。チャーシューは赤身のムッチリとした仕上がりで、う~ん、ラーショの中でもかなりの人気の高さなのも納得。ココまで来て食べられてよかったと、達成感とともにお腹が満たされるのだった。

第五章

川越「裏町メシ屋」紀行

隠れご当地グルメで辿る
“小江戸”じゃない川越

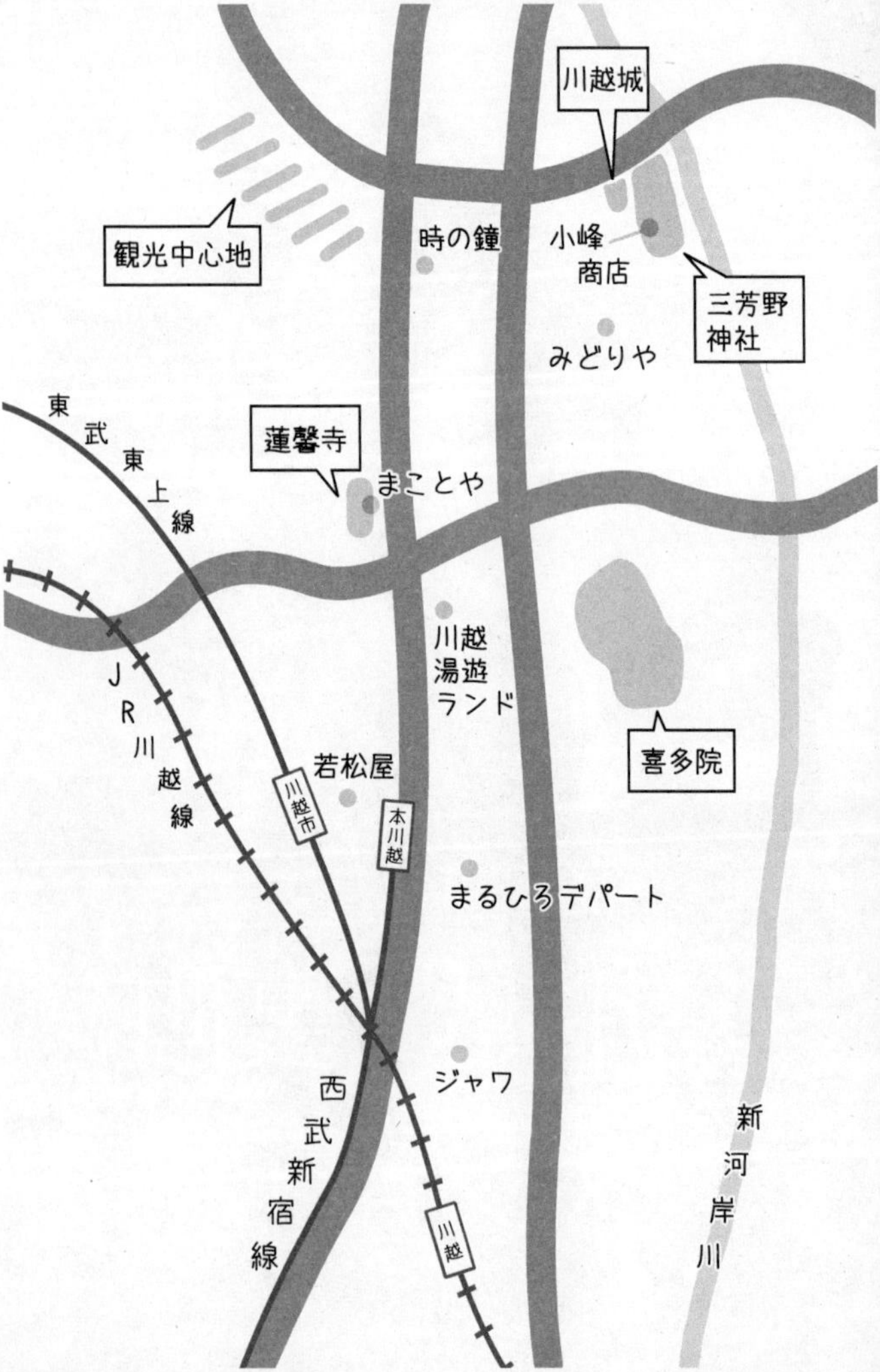
川越城
観光中心地
時の鐘
小峰
商店
三芳野
神社
みどりや
東武東上線
蓮馨寺
まことや
川越
湯遊
ランド
喜多院
JR川越線
若松屋
川越市
本川越
まるひろデパート
ジャワ
西武新宿線
新河岸川
川越

太麺焼きそばと「おもんじ焼き」

川越といえば、**蔵の街**として昨今とみに観光客が増えている。時の鐘や菓子屋横丁辺りが有名なのだろうが、西武線も東武線も駅から離れていて、一体みなさんどうやって行っているのか、駅近辺の商店街を歩いては不思議でいた。というのも、駅前はちょっと大きな規模の、どこにでもあるような繁華街で、地元の人が利用するような普通の店に立ち寄ったくらいしか記憶がなかったからだ。だがある日、駅から離れた場所へ行く用がありバスに乗ったところ、蔵のエリアを通る観光地を周遊するバスだったようで、観光エリアに入った途端、車が通れないほど歩道からはみ出す勢いで人が溢れていた。道路には高速バスも行き交っていて、なるほど、みなさんバスで来ていたのか。

小江戸の街並みを構成する家々はそもそもの商家であり素晴らしいのだが、どうもアノ、鎌倉の小町《こまち》通りのような観光地然とした雰囲気が苦手でならない。まぁ地元にしてみれば大切な観光資源。必死なのは分かるが、あの地に足のついていない空間がどうにも馴染めない。

地元グルメでは鰻や芋が有名だが、**太麺焼きそば**なるB級グルメがあり、今でも駄菓子屋の片隅で提供されている。かつては「**おもんじ焼き**」なる駄菓子屋もんじゃもあったという。おもんじを提供する店は絶滅したものの、太麺焼きそばを巡って、観光地はキレイに回避して、川越の街をぐるっと巡るとしよう。

まずは川越市街地の真ん中に、**デパートの屋上遊園地**が現存しているというので寄って見ることに。

埼玉ではお馴染みのまるひろデパート

川越は小江戸といわれるくらいで、実際にプチ東京的な名称をよく目にする。例えば、川越市街地の目抜き通りは新富町《しんとみちょう》商店街（別名クレアモール）というのだが、銀座の近く、京橋エリアのほぼ中央にある新富町と同名だ。

その商店街のほぼ真ん中にデンと構えるのが**まるひろデパート**。南浦和や入間等にもあり、埼玉県民にはお馴染みの地方デパート。女性がつばの大きな帽子をかぶっている絵がシンボルマークとなっている。

創業は１９３９（昭和14）年、川越店の開店は戦後しばらくの１９５１（昭和26）年と古い。今のデパートと比べると天井が低いし、婦人服売場の感じなんかも「ちびまる子ちゃん」でお出かけに行く清水のデパート的な、いかにも地方都市の百貨店といった雰囲気。いいぞいいぞ。

屋上へは６階から階段でのアプローチとなるが、このフロアには**お好み食堂**もあって、まぁメニューは今風になっているが、こういうのがあるだけでテンションが上がる上がる。

屋上のペットショップを抜けるとスコーンと頭上に空が広がって、開放感バツグン。まるひろの看板をバックに**観覧車**が回り、**外周をモノレール**が取り囲む。これと浮上してグルグル回転する飛行機の乗り物がメインの遊具で、これ以外にきかんしゃトーマスやパンダの乗り物など**たくさんの電動遊具**で溢れている。

全体に**昭和丸出しな空間**なのだが、東京都大田区蒲田《かまた》のユザワヤ屋上遊園地同様、運営はバンダイナムコ。屋上遊園は１９６８（昭和43）年にナムコの前身となる中村製作所が開園。なるほど、新しい版権モノの乗り物があったり案内板のデザインが今風だったりと、随所に現代の手が入った形跡が見受けられる。昔の経営のままならと

遊具ではしゃぐ筆者

つくに潰れていただろうが、こうして存続してくれているのだから有り難いと思うほかない。

観覧車から見る川越の街を一望する風景は見事だし、モノレールはミニジェットコースター式で意外と速度があって、ボタンを押すと愉快な音楽がなるのだが、中途半端な高さと特にカーブでガタガタ揺れる感じがリアルに怖かったりしてなかなかの緊張感が得られる。

大の大人がはしゃいでいる横で、近所のＯＬだろうか、クタビレた感じで煙草を吸いに来ている様を見ると、**斜陽感が漂って**切なくなるが、実際子供も遊びに来てて、アレ乗りたいコレ乗りたいとめっちゃテンション上がってる姿に、今の子供でも楽しいんだな、とホッとさせられるのだった。

なんでも消費が大きくなって、海外の資本や合併合併していかないとやっていけない世の中にあって、一人勝ちの某浦安があたかも正義のようなこの業界。この切なさをも含めた空気を小さい頃から感じながら、日帰りの下駄履きな遊園にしかない興というものをもっともっと共有されて然るべきじゃないだろうか。と思っていたら、2019（令和元）年9月1日に閉園。これで関東の屋上遊園地は蒲田のみとなってしまった。

地元に愛されまくるカレー

この新富町商店街から一本路地に入ったところに、超ジモティ御用達のカレーハウス「**ジャワ**」があった。

唐突だが、街の顔となる店ってどんな店だろう。異論もあろうが、赤羽といったら**まるます家**とか、王子は玉子焼きの**扇屋**、新宿は**アカシヤ**か**中村屋**、アキバなら**万世**《まんせい》、といった具合に小さな駅でも老舗でなくても1つはあったはずだ。

「あった」と過去形で書いたのは、再開発が進みビルが建ち、閉店となるケースが多いからだ。まだ営業していても、ひっそりと滅びを待つだけの店は多い。川越でいうとそれは、**つけ麺の頑者**《がんじゃ》ではなく、ジャワだったと思う。

店内は昭和の喫茶店の雰囲気。神保町の有名店**エチオピア**も、そもそもは喫茶店だったがカレーが評判で専門店化したという（ちなみに店名はエチオピア・モカの珈琲豆に由来するが、よくエチオピアのカレーが食べられる店と勘違いされるそうで）。こちらもそういったパターンだろうか。

４人掛けのテーブルが２つに、２人掛けが３つで多人数用の変則席が１つだったかな。一応カウンターも気持ち程度ある。こう書くと広そうだが、かなりビッチビチで、しかも１席が小さいので、実質２席を１人が使う状態。

入店スグ若い店員に席に促される。この店員がテキパキしすぎるくらいテキパキ屋で、皿が空いたらソッコーで持っていく。実に容赦ない。恐らくこの店を回す為の経営方針なのだろう。それくらい人が後から後から来る来る。運良くスグ席に着けたが、後客は外待ち。しかも自分以外はスエットの上下的な出で立ちなので、**全員地元民**だと思う。

たぶん全員地元の人

レギュラーである**ジャワカレー**とコクを増した**欧風カレー**の２枚看板ながらダブル

スコアくらい価格差がある。トッピングのヴァリエーションが豊富なので、メニュー数がハンパない。注文するとマッハで店員がメニューを片付ける。

待っている間、厨房からはガンガン炒めてるような音が聞こえてくる。テーブル席からは窺えないが、2人体制で注文の都度調理をしているようだ。

改めて店内を見回すが、昭和なのは雰囲気だけではない。椅子がもうペッコンペッコンになっている。座り心地が悪いが居心地はいい。客も客で、隣のニイチャンは**ビールかっ喰らって煙草**飲んでいる。禁煙が当たり前な昨今、全くお構いなしな空間。

その間にも店員はマッハで駆け回ってるし。

で、やってきました、ジャワカレーひき肉ナス8倍700円くらい。厨房には「ヒキナス〜！」って通していた。メニューには中辛は辛さ5〜8倍とあったが、基準が全然分からない。中辛ってことはそんな大したことないとは思うが、MAXが20倍なので、10倍以上は不安だよなぁ。というわけでエチオピアでいつも頼んでいる8倍に。

これが裏目に出たのか、全然辛くない。全く辛さを感じないほど。ただ、辛さを感じさせないのは、このカレーの基本的な甘さにあるのかもしれない。いや、ベタ甘ってわけじゃなくて、野菜のよく煮込まれたような甘さ。**コクがハンパない**ので、牛脂つぽい甘さに感じる。

　近い味を考えると、タマネギをよく炒めた上に挽き肉の甘さが加わったペーストタイプのドライカレーか。新宿にあって中野に復活した**カフェハイチ**みたいな（あそこも喫茶だ）。ルーもドロドロというより、ほとんど水気を感じない。この甘さと苦みと香ばしさのコントラストはもっと似た味があったような……ああ、**湯島デリーのコルマカレー**！　欧風カレーをインドカレーで解釈したような甘辛いトロみのあるカレー。味のバランスはコルマ。ナスはかなり入っているが、1つ1つは小さく、よく煮込まれているのかシナシナになっている。それが旨いのだけど。

ジャワカレーひき肉ナス

　ご飯が相当な量。女性だったら大抵は完食はキビシイくらいじゃないだろうか。値段を考えると**脅威のコスパ**だな。
　完食してさっさと皿を下げられ、満腹のまま店を後にした。外に出ると、まだ閉店まで時間があるというのに、準備中になっていた。
　とにかく、ここまで地元に愛される店が路地裏で続いていることに驚かされたが、なくなっては仕方ない（2013年11月閉店）。こういう店が街に1つあるというのはすっごく幸せなこと。今はどんな店が街の顔になっているのだろうか。

小仙波遊廓の残り香

前章でも述べたように、埼玉県は廃娼県として知られたが、乙種飲食店（達磨屋）という名で営業する**遊廓は川越にも存在**していた。日本三大東照宮の一つである仙波東照宮を有する名刹、**喜多院**《きたいん》のなんとスグ近くに名残が見受けられるらしい。後に洲崎《すさき》に移転する根津《ねづ》遊廓も神社近くだが、江戸時代は性に対しておおらかだったのだろうか。

赤線跡としてはあまり知名度がないように思われたので、痕跡がほとんど見られないかもしれない。見逃さないよう慎重に、新富町から西へ、喜多院に向かって歩く。

表通りには看板建築が多く現存し、その繊細かつ堂々とした佇まいに圧倒されるが、そんな家々の間の路地に入ると、そこには想像を遥かに超えた空間が待ち構えていた。

黒板塀の異様な静寂に包まれる人一人通るのがやっとな狭小通路に、唐圓（圓唐?）と書かれた看板を発見した。さらにその奥には、今回探していたお目当ての**旅館市むら**のウラ入口が。なにやらただならぬ空気が一帯に漂っていて、気軽に家を拝見している場合じゃなく思えてくる。

静かに、そして足早に路地を抜け、旅館の表に回る。住宅街にポツンと佇む転業旅館で、銭湯のような**宮造りの威風堂々とした佇まい**に、独特の気がみなぎっていた。

この先、天ぷら屋や食事処として営業する物件もあり、今でも現役で建物が使われている様子がなんとも頼もしく映った。

市むらのウラ入口と表入口

こうして遊廓跡エリアを一回りしてみたが、１９９０年代に多くは取り壊されたという割になかなかの現存率。どれも堂々とした佇まいでとにかく素晴らしかった。

さらには、その建物の間の路地空間が往時を思わせる、まさしく露地といった湿っぽさを残しており、小江戸の観光地としての顔以外に、やはり歴史的位相という街としての奥行きを感じずにいられないのだった。

神社脇の駐車場に佇む謎の老舗

喜多院の北、西武大宮線の川越久保町駅跡（前章参照）で立ち寄った近くに**川越城**があった。敷地には現在県立川越高校があるのだが、学校があるのに**町名が郭町**《くるわまち》というのは面白い。

城址横に三芳野《みよしの》神社があるのだが、ここに一本銀杏の木が立っていて、紅葉シーズンになると見事なまでに真っ黄色な姿に。

神社脇の駐車場にポツンと売店が佇む。ここが太麺焼きそばを出す**小峰商店**で、店の中から太麺焼きそばを啜りながら銀杏の紅葉を眺めるというユル〜い時が過ごせる。

入って右側にズラリと駄菓子と冷蔵ケース内にアイスが並んでいる。**どう見ても駄菓子屋**なのだが、左手のメインスペースは**完全に飲食店**になっており、カウンターとテーブル数卓が並んでいる。

　席に着くと、中学生くらいだろうか、店の娘さんがお冷やを持ってきてくれる。お母さんがメインで立たれていて、そのお手伝いのようだ。と、ここで焼きそばを注文。サイズを告げ、待っている間店内を改めて見回すと、あちこちに近所の小学生が描いたと思しきお店を宣伝するポスターが貼られている。子供っぽいというよりどこか絵心があるというか……まぁアニヲタ予備軍的素養を感じさせる絵のタッチで、思わずニヤけてしまう。

一見、駄菓子屋なのだが……

　耳に心地いい炒め音が途絶えると、席まで焼きそば並もり250円が運ばれてきた。

　この時、注文口に積まれてあった**ワンカップの地酒**が気になったので慌てて「こちらも下さい！」と身を乗り出すと、冷酒もあるとのことで、駄菓子コーナー奥の冷蔵庫へ向かう。

コンビニのジュース売り場のような、人の背丈ほどの大きな冷蔵庫にジュースと並んで置かれていたのを女将さんが出してくれたのだが、冷蔵庫の左半分が全て、お土産用の太麺焼きそばの袋でビッチリ埋め尽くされていたのには驚いた。

さて改めて席に着いて頂くとしよう。まずワンカップ川越城を一口。うん、よく冷えてキュッとしまった味で飲みやすい。辛口だろうか。カップ酒というとシンナーのようなツ

エッジの立った太麺焼きそば！

ンと来る独特のクセがあることが多いが、これはそのクセがなくクイッと飲みやすい。

そしていよいよ**太麺焼きそば**。なかなかにエッジも立った太さ加減ながら、柔らかめに茹で上がっており、粘りというか引きが強すぎず、駄菓子らしいオヤツ感覚の食べやすさがある。とはいえのびた感じはなく、元の麺がシッカリしている様が窺い知れる。

ソースはやや辛さが感じられつつも、ベースは粘度のあるシッカリ麺に絡むソースで旨み抜群。ソースの味で、太い麺を食べやすく手繰るって感じかな。具はキャベツの芯中心だが柔らかくソースもよく乗ってるし、挽き肉だって入ってても う十分！

並じゃ物足りないかと思ったが、思いのほか腹に溜まった。ワンカップも少し余る感じで、大盛りでちょうど良さそう。それでも美味しく飲み干しお会計。お母さんに少し話を伺うと、**1933（昭和8）年と戦前の創業**というから、なんと80年は営業していることになる⁉ 最近の子供もここに駄菓子を買いに来ると聞いて安心した。

少子化で絶対数は減っているだろうが、買い食いの受け皿があるというのは頼もしく思えた。

往時の駄菓子屋の空気が流れる

小峰商店から歩くこと数分。小学校前にいかにも学校帰りの子供目当てといった風情の駄菓子屋「**みどりや**」がある。まさしく、どの小学校近くにもあったような佇まいで、見るだに小学生時分に戻った気になってしまう。

入るとこれまたもう**駄菓子屋の王道**といった焦げ茶色の空間に蛍光灯が眩しい光景。箱やポリ缶がスペースに入り切らんばかりにギュウギュウでミッチミチに詰め込まれている。

駄菓子屋の王道のような空間

その空間の奥に、これまた焦げ茶色に鈍く光る、使い込まれたテーブルとカウンターの飲食スペースが見受けられる。この駄菓子コーナーからの飲食スペースというのが、自分が子供時分にタムロしていた**ぼったら屋そのまんま**。オ

ソースはサッパリ味

オオッと圧倒されていると、オバちゃんとオジちゃんの登場。由緒正しくご夫婦で営まれている様子。

壁に貼られた手書きメニューから焼きそば大を注文。すると奥の厨房らしきスペースで調理が開始される。その間に一声かけて冷蔵庫からペプシを取り出す。この辺の感じがまた往時の駄菓子屋を彷彿とさせる。

しばらくして焼きそば大420円が運ばれてきた。大きな皿に焼きそばが薄く敷き詰められている。見るからにこれまでの焼きそばに比べ**麺が細い**。それでも一般的な焼きそばに比べれば太いのだが。断面は円ともスクウエアともつかぬ形状。さらに若干強めにウェーブがかかっている。

食べると食感は柔らかめ。でもフニャフニャではなく、ムニュッとしたソフトな歯触り。こちら一番の**特徴はなんといってもソース**で、若干の酸味を湛えたサッパリ味。

サラッとしたソースが全体に上手く回っており、全体に薄味ながら物足りなさはない。オヤツ的な食べやすさがありながら、シッカリ量もあるので満足感がある。こういう味にはやっぱり炭酸ジュースが合う。

会計がてらお話を伺うことが出来た。1963（昭和38）年頃から焼きそばを始めたという。小峰商店より後発に当たるが、ちょうどベビーブームの頃だろう、昭和の駄菓子屋全盛期ではなかったか。そもそも焼きそばが専門ではなく駄菓子の一環としてラーメンやおでん、夏は冷やし中華も供されていたという。それが淘汰され、焼きそばが残ったという経緯のようだ。

だから特別、焼きそばがこの辺の名物だったというより、駄菓子屋で提供できる幾つかのバリエーションの1つだっただけで、偶発的にそうした焼きそばを出す駄菓子屋が残ったと推測される。となると、もんじゃもそうしたバリエーションの1つとしてあったのではないかと思い、聞いてみると、やはりやっていた店がここから南の方に幾つかあったという。名称は案の定、おもんじ。

当たり前のようにおもんじという言葉がオバちゃんの口から出てきたから、相当以前からこの地で馴染まれた言葉なのだろう。おもんじは途絶えたとはいえ、焼きそばの形で地域に根ざした駄菓子文化が未だ現役であることはなんとも頼もしいが、やはりここでも子供の焼きそば離れが深刻なようだ。

駄菓子を買いに来る子供はいても、焼きそばを放課後食べに来て溜まるようなことはだいぶ減ったらしい。それでも大人や部活帰りの中学生はまだ来るようで、今日び駄菓子だけではやっていけないご時世、焼きそばがあるからそれでもなんとか続けていけるそうだ。せっかくこの地に根付いた独自駄菓子屋文化ながら、現在は閉業している模様。

境内・青空・焼きそば・瓶ジュース

駅近くの市街地の方へ戻ろうと路地を進んでいると、大きな寺の参道にぶつかる。蓮馨寺《れんけいじ》というようだが、境内に入って右手スグ、**鐘の手前に屋台**が佇んでいる。近づくと屋台の前には大きめの丸テーブルがあり、オッサンが一人スポーツ新聞を眺めながら焼きそばを啜っている。ここが**まことや**か。青空の下、まさにプールサイドや遊園地で食ってるかのよう。

1981（昭和56）年まで太麺焼きそばの店がこの境内で営業していたが、製麺所が廃業し、一旦太麺焼きそばは途絶えてしまった。しかし、まことやなどが製麺所に掛け合って、見事太麺焼きそばを復活させた。いわばここは**ルーツ的ロケーション**なのだ。

屋台の中では男性店員が一人、黙々と焼きそばを焼いている。平日の昼過ぎ、正直そんなに客が来るように思えないのだが、ずっとここにいて気を張ってられるか心配になってしまう。

注文して先客のオッサンの対面に座って待つ。その間、何気なくオッサンと話してると、どうやら観光客より**地元民が散歩がてら**フラッと立ち寄るようで、お店の方のことは取り越し苦労だったようだ。

ジュージューと小気味いい音が耳をつき、そろそろ自分の分が出来上がりそうだと屋台を見やると、焼きそば以外の甘酒やホットコーヒーといったドリンクメニューの中に瓶ジュースの一群があることに気づいた。こういうロケーションならばと、焼きそばを取りに行く際に一緒にジュースもお願い

鐘の手前に屋台が

した。

というわけで、太麺焼きそば並180g300円とカナダドライ150円。おおっ、なかなかハレの日らしい景色じゃないっすか！

まずはジンジャーエール。なんでこう瓶だとションテンが上がるのか。瓶のコーラとかの炭酸飲料って、なんとなくボウリング場で飲むイメージがあって、子供の頃まだボウリング場って盛り場といわれて大人の空間だった。特にジンジャーエールは大人っぽさがあって、背伸びした思いでいたからかもしれない。やや苦味がかった甘すぎない炭酸のキツさ、いくつになっても好きだなぁ。

ガチムチ麺が口中で跳ねる！

で、太麺焼きそば。おおっ、これまで食べた中で最も太いかも。見た目には二郎系ラーメンみたいな**ガチムチ麺**に近い。これがもう口中で麺が跳ねる跳ねる！　噛むとムニュッと歯にまとわりつくような粘りがある。ややスパイシーでそんなにコッテリしてないソースの味の後、麺自体の粉っぽすぎない旨みがホンワリ広がる。ソースと麺の味わいのコントラストが面白い。

適度な大きさのキャベツはしっかり炒めてあり自然な甘みがしっかり味わえるし、肉も挽き肉みたいに小さく丸まった豚肉だがいい感じに甘みを添えてくれてるし、青海苔もよい香りを与えてくれている。またジンジャーエールとも合うのだが、それより何よりこの**麺とソースの旨さが抜群**すぎる。

ラーメンやつけ麺の感覚で、並180gというのはそんな少なくないなと様子見で頼んでみたが、正直少なかった。オヤツとしても大の270gは食べられるかと。いやこの味なら特大360gに＋並もう一つでもイケる！

本店はこの近くで「**蔵っち**」という名で営業しているが、**太麺焼きそばといえば境内**でしょってことで、ここで屋台を出しているのだそうな。その心意気にはただただ感服するばかりだ。

大衆演劇場併設の健康ランド

再び新富町商店街に戻ってきた。ぐるっと一周したところで、風呂でも入りますか。というのも、古くからここで営業している健康ランド「**川越湯遊ランド**」があるからだ。

入口は和風ながら、建物自体はビルになっていて、2階に受付と大浴場が入り、3階が大衆演劇場、4階が休憩ラウンジで5階から上がホテルになっている。地下にはレストランもあり、このビル内で風呂入って剣劇見て飯食って寝る、という**大衆娯楽の役満状態**。

こんなに駅から近いのに送迎バスも充実していて、川越観光とセットでこの手の娯楽を好む一定層を鷲摑みにしようってことのようで、今や若い人でも大衆演劇ファンがいるから、こういう姿勢は実に潔い。

何はともあれ大浴場に行こう。浴室は年季が入っており、天井も高くない旧来型の健康ランドそのもの。各浴槽はさほど広くないが、つぼ湯・ラジウム湯・檜《ひのき》風呂・ハイパワーバス（ジャグジー風呂）・イベント湯・水風呂と**種類はやたら多い**。

光明石《こうめいせき》天然鉱石温泉という人工温泉も、健康ランドや駅前サウナでよく見かけるものだが、いつの間にか檜風呂がこの人工温泉の炭酸泉になっていたり、壁など細かなリニューアルも随所に施していて、現代の人でも興味をソソられるような施設にしようという努力が垣間見られる。ただ古いままにしない**現在進行形の浴場**を目指すその姿勢に涙を禁じ得ない（いや泣きはしないけど）。

サウナは熱めでガッツリ汗かけるし、スーパー銭湯の類が台頭する前はこうしたラドン温泉と呼ばれる施設が主流だった。ラドンは低濃度放射能のことで、そんなのに浸かって大丈夫なのかと心配になるが、微量であれば逆に身体の活動を活性化させるそうで、昔から日本では湯治目的で使われていた。それで人工的なラドン温泉が身近に体感できるということで、昭和の時代に人気となったようだ。

ラドンとラジウムは同じ仲間で、固体のラジウムが気体のラドンに変化するようだが、ここではラジウム湯を残してくれているのが実に有り難い。その時代の雰囲気を色濃く感じられつつも、今風にアップデートしている貴重な施設。これは**川越の文化遺産**にするっきゃないっしょ。

3階は大衆演劇場

自動で出てくる味噌ダレ焼きとん！

さて日も暮れてきたし、そろそろ飲んで〆るとしますか。

川越とくれば東松山も近いわけで、東武東上線沿線は**東松山式の味噌ダレ焼きとん**（東松山では豚でも「焼きとり」と表記するが）の店が多い。川越市駅近くにある**若松屋**は味噌ダレ焼きとんの地元人気店。夕方と、早い営業開始時間ながら外待ち列が既に出来ている。ダクトからは煙がモウモウと昇っている光景を目の前にしたら、スルーしろといわれてもそれはできない注文だ。

中に入ると**ディープ地元空間**が完全に出来上がっている。**コの字型の巨大なカウンター**に大の大人がざっと40人くらい片寄せ合いギチギチに着席している。幸い奥の席が空いていたので待たずに滑り込むことが出来た。

席に着くとよく教育されたようなこざっぱりした板場の店員が飲み物の注文を取りにくる。ほかの従業員を見ても家族経営のような様子もありながら、プラス雇っているのはバイトというより料理人といった風情で、地元有名店もここまで人気が集中すると、ナアナアではなく、キビキビと小気味いい接客になるケースがままある。

入口中央のカウンター前に横に長い大きな焼き台があり、常に焼きとんが焼かれ続けている。外から見たように煙突から相当排煙されているものの、全く処理しきれていないようで、店内のモウモウと立ち込める煙が凄まじい。一発で服が臭くなるので、行かれる際はラフな恰好を心がけたい。まぁ近所の人が下駄履きで来ることしか想定してない店だから、余所者は覚悟するしかない。

奥にはテーブル席もあり、これだけの席数があれば常に焼いてても追いつきそうだが、ここには東松山式の独自ルールが存在する。なんと注文しなくても**勝手に焼きとんが皿に置かれていく**のだ。モノは東松山焼きとんの代名詞というべきカシラ肉で、全てネギ間になっている。なので注文はカシラ以外を食べたい時にすればい

巨大なコの字カウンター

い。そして、もうカシライラネって時はどうするのか不思議に思われるかもしれないが、ご安心を。空いた串でバッテンを作って皿に置いておけば、もういらないのサイン。勝手に置かれないのだ。

ともあれ、まずは**チューハイ330円で乾杯**。自動で置かれたカシラ120円は塩味。卓上のツボにある、これまた東松山名物の味噌ダレ。赤くてややショッパめで、ここんちのはユルめ。あまり味噌は好きではないが、東松山焼きとんの味噌ダレはあくまで肉の引き立て役として機能していて大好物なのだ。

こういうタレの類は基本コッテリめが好きだが、このカシラにはユルくて正解。肉はもうホワンと口中でとろける程柔らかく、甘みが溢れるから、味噌ダレが重いと負けてしまうだろう。**この肉、相当質がいい**んじゃないだろうか。

幾つか自動でやってきたカシラをつまみ、二杯目の巨峰サワー360円に突入したところでほかの部位も頼んでみることに。

巨峰サワーは、見るからに駄菓子的な色合いで、焼酎をワインのように変えてしまう謎の液体ワイナーのようなものを想像してしまうが、結構しっかり果実の旨みが感じられ、それでいて炭酸でジュースっぽく飲みやすくなってる。つい飲み過ぎてしまいそうな味だ。

さて焼き上がりました、**タン120円とひれナンコツ焼150円**。通常のナンコツもあるが、ひれだけ30円高い。でもこれがビックリするほど柔らかい。どちらもコリコリとした食感が代名詞のようなものだが、タンは適度な食感はあるものの、なめらかにとろけ、ひれナンコツに至っては、ソフトすぎて噛むのを忘れる程。それでいて肉の甘みが存分に味わえる。こりゃ参った。

ネギ間とはいえ箸休め的に野菜焼き150円を。ネギ・シシトウに加え、先端にはなんとここでも天敵シイタケが。しかもデカイ！　なんでや。川越市民はそんなにシイタケ好きなのか。ともあれ出てきたものは食べる主義なので頂戴したが、ネギもシシトウも焼けるとなんでこんなに旨いのだろう。

気づくと10本以上食べたか。最後にオートのカシラで〆て、バッテン。味もも

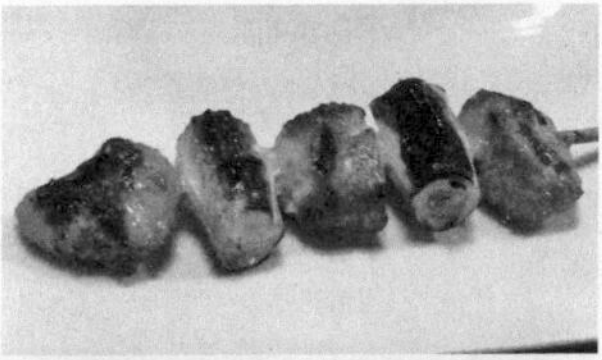

ユルめ味噌ダレがカシラに合う

ちろん、この食べやすいサイズとネギ間の箸休め感、そして自動設置により、知らず知らずのうちに予定以上に食べてしまう。

恐ろしくもあり、でも後悔は残らない**魔のシステム**。店内は改装したのか、小奇麗ながら、見た目では判別できない真のディープ空間にスッカリ虜となってしまったのであった。

前出の東武伊勢崎線コラムをさらに、**越谷から群馬の手前まで**続けてみよう。

新越谷の次が越谷で、その次が北越谷と、乗り慣れない人にはどれがどの駅だか分かりづらい。その中で、急行が唯一停まらないのが**北越谷**。

こういう駅にこそ、地域密着の店舗があるというもので、駅から大通りに出たところにある**天狗北越《きたこし》ラーメン**は、40年以上前からこの界隈の人気店として君臨している。以前はラーメンショップ天狗といっていたが、いわゆるラーショのような豚骨醤油スープではなく、若干背脂が浮くものの、あっさりとした醤油ラーメンがウリ。麺は太めのぴろぴろ平麺で、スープとの相性がよく、チンゲンサイがいい箸休めになっている。

焼肉丼とのセットが人気だが、こちらの真骨頂は飲める中華店としての実力。メニューがスープ餃子、あんかけチャーハン、雑炊と多岐にわたり、ビールのアテとしての威力は絶大だ。

この次に急行が停まるのが、**せんげん台**。ここから次の**武里**《たけさと》にかけてはニュータウンとして開発されたエリアで、団地が多く見受けられるが、先の松原団地同様、老朽化も進み、再編計画も実施された。

このせんげん台から、武里を経由する無料送迎バスを走らせているのが、名前の割に春日部から離れている、**かすかべ湯元温泉**。入口脇にはなぜか二宮金次郎像がお出迎え。

純烈の歌謡ショーが行われるような大宴会場がある、いわゆる健康ランドだが、でもあちこち手が入れられていて古臭さはないし、プールまであってとにかくデカい！

やや茶色みがかった温泉に炭酸泉、岩盤浴と、昨今の温浴施設の全てを入れ込んでいるんじゃないかと思わせるほど。股間を刺激する薬湯も当然あって、休みに1日マターリするために遠くから来たくなってしまう。

かすかべ湯元温泉でマターリ

ここから春日部駅へと向かう途中に、**井之上屋**というラーメン屋があった。外観は木目調で、2000年代に発生した郊外型こだわり系の店らしさがそこかしこから漂っている。あっさりしていながら、こだわりの食材で奥行きのあるスープが出来上がっているというと、よくありがちなラーメンが想像されよう。が、その通りではありながら、金色に輝く透明度が半端ない塩スープは想像を遥かに超えて、鰹の魚介ダシと鶏ダシの旨みが押し寄せてくる。具に水菜とは珍しいが、これがスープにいいアクセントになっている。

郊外の実力店として名を馳せ、一時は東京台東区に出店したが、しばらくして撤退してしまった。こういう店は環境が変わると味も変わりやすいので、この場所で地道に続けてほしいと思っていたら、2017年に「**武麗舞**《ぶれいぶ》」という店に変わったという。とはいえ、創業者に代わって井之上屋を取り仕切っていた二代目店主がリニューアルした店とのこと。そうして受け継がれ街に根付いていくのは実に頼もしい。

郊外の実力店「井之上屋」

春日部駅は野田線と伊勢崎線が交錯する東武きってのターミナル駅のはずなのに、**駅舎がかなりボロい**。さらに狭いホームに狭い通路。その上、駅の南北（表示は東口西口だが方角的には南口北口だと思うのだが）を繋ぐ自由通路がない。なのに踏切もない。駅前ロータリーには「立体交差実現を！」と書かれた立て札があるが、その前に駅舎のリニューアルに伴う自由通路を造ってほしい。

そんな駅の北側へ迂回して地下道を抜け出て、北へまっすぐ延びている県道を進む。1㎞ほど先に突如、読めない漢字、しかもなんともいえない独特のうねるようでシャープなような書体で書かれた看板がババーンと出てくる。「**羅布乃瑠沙羅英慕**」は栃木を中心に北関東や埼玉に展開する喫茶レストランチェーンだが、まずほとんどの人が「**ロブノオルサラエボ**」と読めないだろう。

いざ店の前に来ると、ミステリー小説にも出てきそうなゴシックな洋館が露わとなる。扉を開けるとすぐ店内ではなく、アンティークな置物が並んだ部屋がワンクッションあって、その先で受付となる。

次に驚くのが客の数。店内は人で溢れ返っている。土日に限らず待つのもザラ。店内は薄暗くアンティーク調で統一され、コーヒーからパフェなどの甘味、トースト系の軽食、それにパスタやハンバーグといったガッツリ食えるものまでかなり充実している。

ならばとハンバーグ1195円を頂いたが、粗く挽いたパティで食感がかなりワイルド。肉汁も結構出てくる。和風ソースが秀逸で、ワインのようなコクが強く、パンに染みさせてあっという間に完食。

コーヒーにもかなり力を入れており、セットで頼んだアイスコーヒーは銅マグで登場。自社焙煎の濃いめの豆をたっぷり使ったしっかり味。量も多めで2杯目からは100円で飲めてしまう。その代わり1品の値段は高めだが、全国チェーンのファミレスと違って、安さで集客を目指すのではなく、子育ても落ち着いた女性が友だちとゆっくり食べて喋りに来るといった、いいものでゆったり過ごすというニーズに応える存在となっている。前出の珈琲屋OBが成立するのに似て、コメダや星乃が成功したコンセプトを既に沙羅英慕は先んじていたのだ。

粗挽きパティから肉汁ジュワ〜！

沙羅英慕から先、さらに道を進むと4号を越えた辺りで**ベタ〜な和風のスーパー銭湯**が出迎えてくれた。**湯楽の里**は一時期、一世を風靡したチェーンのスパ銭とあって、ライトブラウンの小洒落た脱衣場で、清潔感がある。

露天にある温泉の源泉風呂がデカイコト！　毎分280ℓという豊富な湧出量のなせる業か。この温泉が黄金色っつーか土色に緑茶っぽい緑も入ってて、超濃厚。泉質はキヨーレツに塩辛い。

さらに驚かせるのは壺湯。3つある全て温度が違うのがツボ（駄洒落か）。寝ころび湯では30分くらいうたた寝してしまった。これが住宅街にあるっつーのは奇跡かと。超気に入ってしまい、伊勢崎線界隈の温泉の充実度を思い知らされた。

住宅街に突如現れる「湯楽の里」

この先伊勢崎線は、カバ園長でおなじみ**東武動物公園**駅で日光線と分かれる。どちらも群馬へと延びているのだが、日光線で県境ギリギリまで行ってみよう！

1つめの**杉戸高野台**駅近くに群馬・栃木・茨城のほか埼玉や千葉に展開している**「フライングガーデン」**がある。地元ではフライングガーデンを略して「フラガ」と呼ばれているが、一部地域では看板メニュー「爆弾ハンバーグ」を略して「バクハン」と商品名で呼ばれているという（価格は250gで999円）。

1976（昭和51）年にピザ・クレープの店として創業し、1984（昭和59）年に新桐生《きりゅう》店からチェーン展開を始めた。ハンバーグのファミレスとしか思ってない人、バクハンを食べれば考えが360度……もとい180度変わると思う。焼き上がる寸前にパティの中がまだレアな状態で運ばれ、客の目の前で半分にカット。熱々の鉄板に押し付けるとジュージューと音をたて油が爆ぜる。タレをかけると煙がモウモウと立ち込めるという、子供でなくてもシズル感MAXになること間違いなしの演出が繰り広げられる。

別名「挽いたステーキ」と称されるほど、肉感がハンパない。ノーマルのキングサイズで250gもあるので、溢れ出る肉汁と肉の旨みが堪能できる。さらに**日本酒は群馬の「赤城山」**があるので、辛口地酒でハンバーグを流し込む、なんてローカルチエーンならではの至福の時を楽しめる。

フラガのバクハンwith辛口地酒

日光線の県内最北端は**栗橋**駅。ここから国道125号に出たところに、上尾に次ぐ（コラム3参照）**オートパーラー**第二弾となる**まんぷく**がある。ここもゲーセンの中に自販機コーナーがある。2階に脱衣麻雀中心にゲーム台が集中していて、悪の溜まり場感がかなり強い。

レトロ系自販機で目につくのはうどんそばくらいだが、食べ物系ではホットドッグなどが入るスナックの自販機があった。昔光GENJIがCMしていた、マイクロマジックのチンチンポテトみたいな箱型の冷凍ポテトとハンバーガーに唐

ホットスナックで一杯

揚げが付いたセットがあったので、それのボタンを押すとレンジが作動した後、ガチャコンと出てきた。レンジにかけすぎた時独特のアツアツ感があって、箱の角をつまみながら、ちょっとした休憩スペースになっている簡易テーブルへ。

飲み物の自販機の中にアルコールを見つけた。車で来るところなのにアルコールあるのかよ!?と思われるだろうが、田舎の居酒屋は駐車場完備だったりする。もちろん、ドライバーは飲んでないよね?ってやつだ。

ここの**アルコール自販機**が面白いのは、缶に**おつまみが付いている**ところ。金麦など安い第三のビール系が揃うのがオートスナックらしいが、枝豆スナックの小袋パックがテープで貼られている。

豆をポリポリかじりつつ、冷えて萎びたポテトをつまみに金麦を呷りながら、窓に反射する国道を走る車のテールランプを見ていると、深夜に当て所《ど》なく都心を彷徨った果てにラーメン屋を見つけて、超こってりラーメンに顔を突っ込んでいた20歳の頃の気分になるのだった。

ネオンが誘う

第六章

広大なるフライ文化圏

行田・熊谷・深谷の駄菓子メシ
「フライ」を求めて

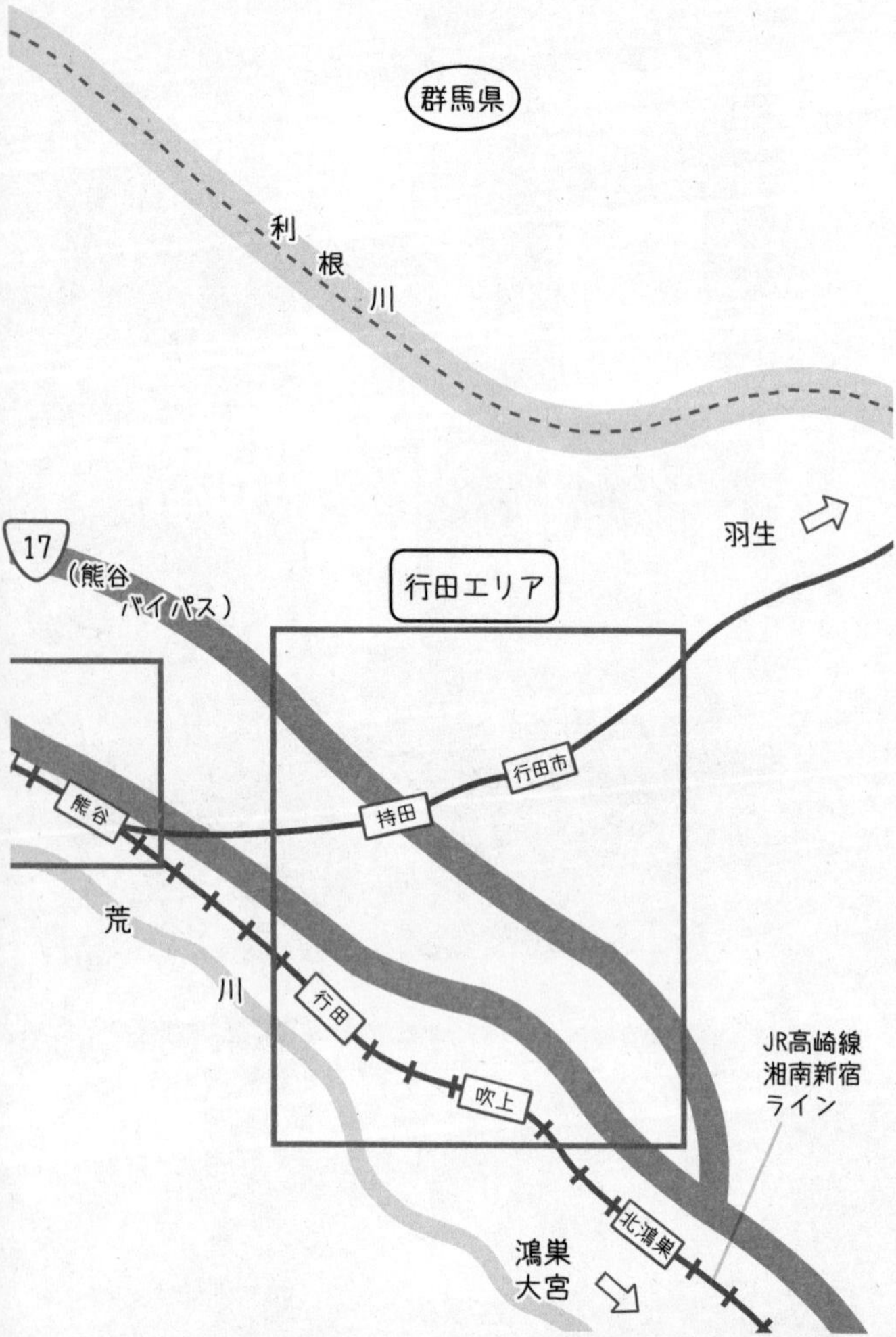
群馬県
利
根
川
17
（熊谷
バイパス）
行田エリア
羽生
行田市
持田
熊谷
荒
川
行田
吹上
JR高崎線
湘南新宿
ライン
北鴻巣
鴻巣
大宮

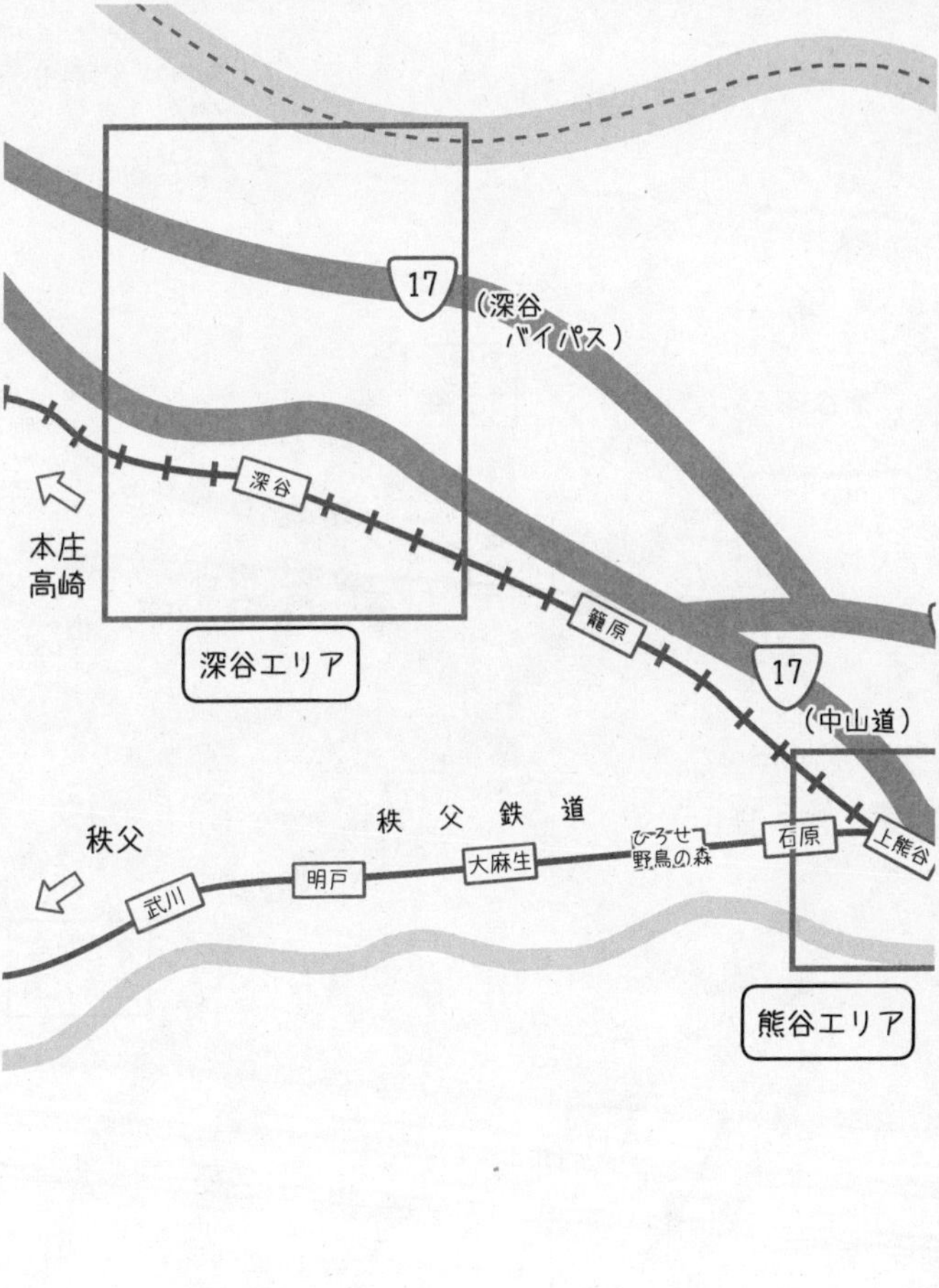
17
（深谷
バイパス）
深谷
本庄
高崎
深谷エリア
籠原
17
（中山道）
秩　父　鉄　道
秩父
ひろせ
野鳥の森
石原
上熊谷
大麻生
明戸
武川
熊谷エリア

羽生
東行田
福田商店
行田市
忍城
本丸跡
熊谷・秩父
持田
秩父鉄道
古沢商店
水城
公園
茂美の湯
旧
忍
川
古
墳
通
り
17
（熊谷
バイパス）
熊谷・深谷
さきたま
古墳公園
JR高崎線・湘南新宿ライン
行田
17
（中山道）
新
忍
川
鴻巣
大宮
吹上

行田フライを食べるなら

大宮から北部へは、高崎線と宇都宮線という2つの大動脈が走っている。北関東エリアへ向かう時などに多く利用される路線だが、大宮以南の県民や都民には、**どっちが宇都宮線で高崎線か分からなくなる**のではないだろうか。

こんなこと書くと、「群馬の高崎行くから高崎線、栃木の宇都宮に行くから宇都宮線、間違える余地ないやろがぃ!」と、大宮以北在住の方から怒られそうだが、北関東3県の位置関係がよく分かってない人が多いという現実もあるわけで、そこはご勘弁頂きたい。

その分、ここからは埼玉北部大礼賛大会といかせてもらいましょ。この章では高崎線にクローズアップするのだが、暑いぞ熊谷《くまがや》くらいしか全国的知名度がある土地はないかもしれない。しかし、アレってココにあったの?とか、そんな食文化が根付いているの?という発見に満ち満ちている。そんな魅力を探しに、まず行田《ぎょうだ》から赴くとしよう。

行田は**フライ**というご当地B級グルメが知られており、市街地ではアチコチに幟《のぼり》を立てた店を見かける。

フライとは「水で溶いた小麦粉を薄く焼いた**具の少ないお好み焼き**のようなもの」と言ってしまうと、身も蓋もない、貧乏くさいことこの上ない食べ物に思われてしまうだろう。実際、その気軽さや駄菓子感があったから普及したのだと思うが、フライの魅力は追々分かってもらえるものとして、まずはフライのお店がある市街地に行かねばなるまい。

なんだか回りくどい言い方になってしまったが、それには理由がある。ＪＲ高崎線の熊谷の手前に行田駅があるから、そこに行けばフライが食べられると思ってしまうが、実は行田の市街地は**秩父鉄道の行田市駅**の方なのだ。神田古本街に行こうとして神保町が最寄りと知らずに神田駅に降りるようなものだろうか。しかしこちらは４km程も離れている。電車で行くとなると、熊谷から秩父鉄道に乗り換えるほかない。

しかし、行田市は**レンタサイクルが充実**しており、しかも無料！　自転車に乗れるのなら利用しない手はない。４km走るけど。

レンタサイクルは無料！

ゲームの筐体でフライを食らう

駅前の道をひたすら真っすぐ東へ、エッチラオッチラ自転車を漕ぐ。広い道路で、ポツンとコンビニなどの店や人家が通り過ぎるだけの、ほとんど風景が変わらないいま、国道17号の熊谷バイパスを越えるとやっと、緑豊かな公園というこれまでと変化した景色に出くわす。

水城《すいじょう》公園といって、周囲には城南や本丸といった、城があったっぽいこと丸出しな地名が連続している。公園西にある道路を少し行くと、お堀を発見！ビンゴ!!映画や小説で知られる『のぼうの城』こと**忍城《おしじょう》**だった。一時は歴史マニアや聖地巡礼客で賑わったようだ。

城下町散策の前に、水城公園の北、住宅街の路地に入ると古くからの商店といった佇まいにフライの幟が立っている。目印がなければ気づかないほどだが、ここがなんと**1925（大正14）年創業のフライ発祥店、古沢商店**だ。

入口脇にガラス張りの焼き台スペースが確認できる。入るとすぐ栄養ドリンクも並ぶジュースの冷蔵ケースと駄菓子コーナーがあり、奥にはテーブルクロスを掛けた簡易台があるのみ。そこで近所のご婦人たちが喋っているという、完全に地域の寄合所状態。

呆然と立ち尽くしていると、店のオバチャンが「フライ?」と声をかけてくれた。いきなり他所者のニイチャンが来ることに慣れている風だ。ご婦人連に手で小刀を切りながら奥に向かうと、そこで驚きの光景を目にした。

クロスがかかった台は、なんと**ゲームのテーブル筐体!**

簡易椅子に座ると膝のところにコンパネがあり、レバーに膝が当たるのだ。まさかゲーム台でフライが食えるとは!

テンションアゲアゲで出来上がりを待つ間、焼き場を見やると、オバチャンが何やら木製のコテのようなものを焼き台に押し当てている。小麦粉と水を混ぜた生地を薄く伸ばした上に玉子・豚コマ・ネギを乗せ、ひっくり返して両面焼きにする時に木の蓋でプレスしている。

流石の熟練のテクだが、オバチャンのお母さんが1925(大正14)年、足袋《たび》工場で働く女性工員のおやつの時間に出し始めたというから、あと十年程で**百年となる技**

大正 14 年創業のフライ発祥店

だ。

そんでもってやって来ました、フライ玉子入り300円。醬油かソースか選べたが、駄菓子もんじゃ等との比較の意味でソースで。見た目は白っぽく、焼き目も薄っすらとつく程度の小麦粉を伸ばしたものが半分に折られ、ソースが塗られている。

食感はモチッとしてて、お好み焼きのようなガッツリ感はなく、やはり駄菓子というか**オヤツ的な軽さ**がある。それでも具はそれなりに入っていて、玉子や肉の**贅沢さもある**ので、これはもうちょっと食事っぽいアプローチで専門店化して広まるのも頷ける。

帰りしなオバチャンにお話を伺うことができた。子供が来ていたのは、自分と同じアラフィフくらいの年代が子供だった頃まで。その世代が中高生になると放課後に溜まるので、ゲーム台を置くようになったそうだ。

今では、その自分たちの世代が親となって、子供を連れてくる以外は、ご近所の年配方が顔を見せに来る程度。少子化に輪をかけて子供の嗜好が変わり、親の目を盗んで買い食いする文化はどーなるのか。

（後日談。発祥店ということもあり残ってほしかったが、昨年閉店されたようだ。郊外の家

テーブルはゲームの筐体

庭と地域のあり方が心配になる）

行田は埼玉の中心地説

古沢商店から出た表通りが**古墳通り**。近くに、埼玉県の名前の由来となったさきたま古墳群があるので、行田はまさしくかつての**埼玉の中心地**となる由緒正しい場所だ。古墳通りを北に行くと市役所があり、その前にメインストリートとなる県道熊谷羽《は》生《にゅう》線が走っている。沿道には看板建築が建ち並んでいるが、戦前築だろうか、あまりの現存率に驚かされる。

行田は**城下町**ということもあり、藩士の婦女子の仕事として**足袋作り**を奨励したことで、下級武士の内職として足袋の生産が高まり、後に機械化され繊維業が栄えた。池井戸潤の小説でドラマにもなった『陸王』の足袋は行田がモデルで、市内でロケも数多く行われた。

高崎線自体、富岡製糸場で知られるように養蚕《ようさん》業と製糸業が盛んな群馬県から、中山道を通って、足袋の原材料となる綿織物が運ばれる経路になった。さらに忍川《おしかわ》など

行田の街並み

水運も発達しており、船で神田や日本橋まで運んだという。

戦後はナイロンにとってかわられたが、それだけ繁栄したとあれば、この街並みになったことも納得がいく。

中サイズでこのデカさ!?

県道を東に進むと、産業道路と名付けられた道路に出た。やはり繊維産業の道路なのだろうか。

秩父鉄道の東行田駅が近づくと、田舎の無人駅周辺の雰囲気が漂い始める。細い路地には日用雑貨店や威風堂々とした木造の酒蔵が並んでいる。

そんな風景に溶け込むように、駄菓子屋でフライもやっている**福田商店**がある。店内は正しく駄菓子屋のそれながら広々と感じるのは、平台に駄菓子が置かれているからだろう。どこか郷愁を誘う景色だ。

その駄菓子コーナーの対面、入口から奥へとカウンターが延びている。フライと焼きそばの手書きメニューが貼られてあった。目線の高さに小窓があり、厨房の様子が垣間見られる。**年季の入った焦げ茶色の空間**だ。ここで何人もの子供が背伸びしながら出来上がりを待ったことだろう。

そんな感慨に耽っていると、店のオバチャンが水を持ってきてくれた。たくさん氷の入った水が喉に染みた。注文は焼きそばもいきたいところだがさっき結構食べているので自重。それが後々正解となるのだが、ならフライはせめて中でいこうと考えたのは誤算だった。

やってきたフライ中（玉子入り）300円を前にして……完全に固

どこか郷愁を誘う景色

まった。**デ、デカイ**。これで中ですか？　**直径30㎝くらい**はあろうサイズは元より、厚みも２㎝近くあろうか。半分に折ってあるから見た目は倍！

ともあれ食べてみると、これが小麦粉ビッチビチな生地で、表面にソースがたっぷり塗られた超ヘビー級。しかし、この粉っぽさとソースの塩梅は、テキ屋のお好み焼きに近い。しかも折られた真ん中に**完熟状態の玉子**は正しく祭りで食う屋台のそれ。

デ、デカい！　これで中？

オバチャンに、大きいですね！と言うと、この店はそれで売っているとの回答を頂いた。これでこの値段とは素晴らしいのだが、いや～事前に知っておくべきだった。なお、２０１８年に残念ながら閉店してしまったようだ。

広すぎ健康ランドでリフレッシュ

福田商店で満腹になったし、風呂でクールダウンするとしよう。

忍川沿いに南下すると、さきたま古墳公園近くで田んぼの真ん中にホテルがそびえ立つ。**茂美《もみ》の湯**はホテルも併設する健康ランド。さらに別館のような形で大衆演芸場「もさく座」が隣り合っており、健康ランドに必要なものはしっかり揃っている。

施設だけではなくお風呂もかなり充実したもの。**埼玉県唯一の純重曹泉**で、多くの湯船が**100%源泉かけ流し**となっている。

早速その湯を楽しもうと、浴場の露天スペースへ出ると、眼前に広がる光景に思わずのけ反りそうになった（風呂場では危ない！）。広い、とにかく広い。ジャングル風呂かっつーほど木々の生い茂った空間に、**数えきれないほどの浴槽**が平面だけでなく立体的に配置されている。メインの浴槽は流れるプールみたいになっており、滝まで流れている。

温泉自体はやや黄土色と緑がかった透明度のあるナトリウム―炭酸水素塩・塩化物泉。源泉かけ流しというが塩素投入はあり、そんなに濃いという印象はないが、チョイぬめる温泉らしさは感じられる。

流れるプールみたいなところで首を落ち着かせ、露天に設

ホテルや大衆演芸場も併設

置されているテレビを見ながら湯に浸かる。これはなんという贅沢。夏だったので高校野球をやっていた。温泉に入りながらの高校野球はなかなかよく、高校球児も真っ裸で見られているとは思うまい。

思わず郊外テイストを満喫でき、温泉でリフレッシュ出来たところで、また行田駅に自転車を返しに帰るのだった。

熊谷遊廓の面影は……

お次は行田の隣町、熊谷。駅の改札を出ると、「うまい！ うますぎる」というローカルCMでお馴染み、十万石饅頭の売店がお出迎え（本店は行田）。先にある本庄《ほんじょう》に次ぐ規模の中山道の宿場街だったそうで、確かに新幹線も停まるし、駅前ロータリーも広く、**埼玉北部の一大地方都市**といった風格はある。先のラグビーワールドカップでは熊谷ラグビー場に人が押し寄せたし、昔から人の集まる場所だったのかもしれない。

それだけ人の行き来があれば、宿場に遊廓がないはずはない。これまで述べたよう

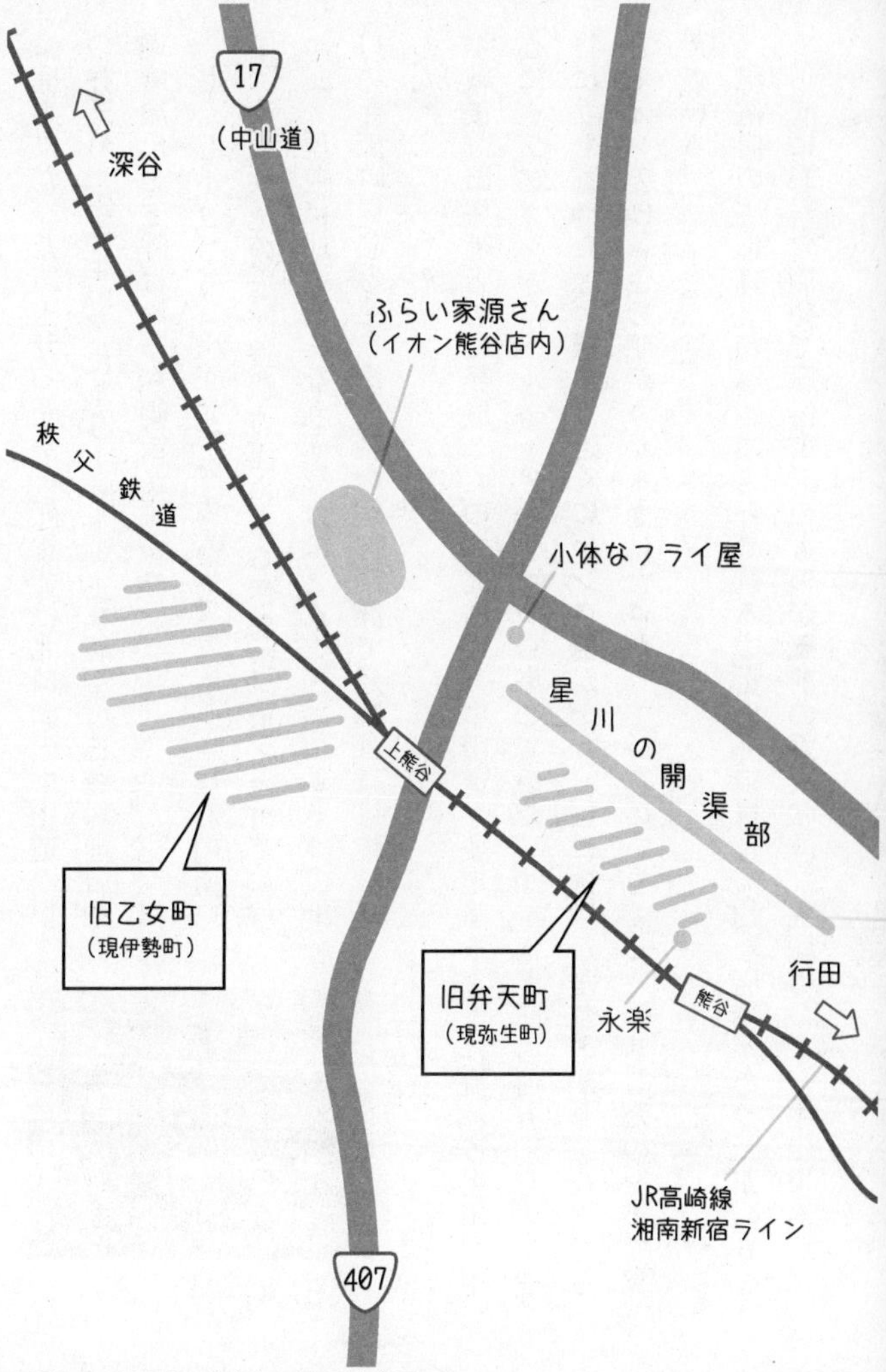
17
（中山道）
深谷
ふらい家源さん
（イオン熊谷店内）
秩父鉄道
小体なフライ屋
星川の開渠部
上熊谷
旧乙女町
（現伊勢町）
旧弁天町
（現弥生町）
永楽
熊谷
行田
JR高崎線
湘南新宿ライン
407

に廃娼県だった埼玉だったが、熊谷では北口側の中山道沿いの**弁天町**（現弥生町）に1919（大正8）年、乙種料理店や達磨屋などと呼ばれる私娼街が生まれた。

しかし1925（大正14）年の大火で焼失し、反対の南口側、秩父鉄道の上熊谷駅方面にある**伊勢町（旧乙女町）**に移った。現在は住宅街となり面影はほとんど残っておらず、北口の弁天町界隈も第二次大戦の熊谷空襲で建物はほぼ焼け落ちた。

弁天町の看板建築

戦後、風俗街として発展したのは北口で、中山道と並走するように流れる星川を中心に、ファッションヘルス・ピンサロが密集していた。20年ほど前に何も知らずに熊谷に立ち寄った際、**駅すぐ近くにピンク街**があり、川には柳が垂れ下がり、夜となるとネオンの極彩色の明かりが水面にたゆたっているのを見てビックリしたのをよく覚えている。

風俗店の中には「箱ヘル」と呼ばれる本番ありのNK流的な店舗があったが、6〜7年前に警察の摘発で風俗街そのものが**風前の灯火**状態。廃墟も多く、中山道沿いには戦後築だろうか、看板建築も多く見受けられるが、今やどこか寂しさが漂う駅前となっている。

星川の開渠部分が途切れるどん詰まりから国道407号に出たところに、白い暖簾に焼きそばやうどんという文字が躍る**小体なフライ屋**がある。

行田だけでなく熊谷も含めた一帯がフライ文化圏で、実は熊谷にもフライ屋は結構多い。中でもここは**60年以上続く人気店**。店内は甘味食堂のような可愛らしい和のテイスト。ご主人ほか女性陣が元気にフロアを立ち回り元気な声がこだまする。家庭的で、ただいまといいたくなる雰囲気がいい。

肉玉フライは大（540円）にしなくても直径30㎝はあろうかというビッグサイズ。特徴はなんといっても揚がりっぷり。焼くというより揚げたかのようなサックサクの食感で、まるで天ぷらやメンチの表面のジャキジャキしたところみたい。玉子と豚肉の入った生地は軽く、食感と相まってこのサイズも一気にペロリだった。

オヤジさんによると、これが熊谷スタイルというより店ごとに

伝わるだろうか、このサイズ感

フライの特徴があるという。こりゃ駅前以外にも広がっているフライ屋で色々食べ比べてみないと。一人では回りきれないほど**フライ文化圏は広大**だわ。

フライもいいけど中華もね

ここから17号を少し進んだところに、イオンがあるのだが、ここのフードコートに**「ふらい家源さん」**というフライが食べられるお店が入っていた。シンプルなフライのほかに、海鮮やらカレーやらと種類が豊富。イタリアンなんてのもあり、ネギのほかにベーコンとチーズが入っていて、マヨネーズが恐ろしいほどにフライの生地と合った。営業時間も長く重宝したのだが、最近になって閉店してしまったのが悔やまれる。

なくなってしまったものはしようがないが、何か食べたいなと周囲をフラフラしていると、**永楽**という町中華を発見した。そういえば、駅からここに来るまでにも同じ屋号がなかったっけ。永楽といえば、大井町に**焦がしネギラーメン**を出す店があるが、どうも関係があるようだ。ほど近くに本店があるので、そこに行ってみよう。

ドラゴンが描かれた大きな暖簾が掛かり、パッと見、地方都市を代表するちょっと高級な老舗中華料理店風だが、入ってみると**超巨大なコの字カウンター**がドカンと広い厨房を取り囲むという、他所ではあまり目にしたことのない光景が展開していた。

地元客らしき数名の塊が等間隔で着席しており、思い思いにビールや餃子で会話を楽しんでいる。客席と遮るものがないので厨房が丸見えなのだが、多くの従業員がキビキビと動き回っていて、勢いよく鍋を振るう様もダイレクトに感得でき、店内が活気に満ち満ちている。いいな、この雰囲気。

源さんのフライと永楽のラーメン

気になるメニューがたくさんある中、ここはラーメン一杯をじっくり堪能するとしよう。やってきたそれは、大井町で食べた焦がしネギラーメンとまんま一緒。透明感のある醤油スープに、真っ白なモヤシの山がそびえ立ち、そこに黒い粒状の焦がしネギが降り掛かっている。1／4カットの完熟ゆで玉子もそういえば大井町でも乗ってたっけ。

ピロピロの平打ち麺を啜ると、麺に焦がしネギが絡み、香ばしさが自然と鼻孔をくすぐる。スープの甘みとコクが、焦がし効果でグッと際立ち、麺を手繰る手が止まらない。あぁ、これだ、こういう感じだったなぁと、何十年も前に大井町で食べたことを思い出した。

餃子も有名らしく、ビールと餃子をセットのように頼む客がほとんどだった。今度じっくり飲みに利用しようと心に誓いつつ、ひとまず先を急ぐとしよう。

渋沢栄一の街・深谷

熊谷から高崎方面へ2駅目にあるのが深谷。ネギで有名な街だが、昨今は今度の1万円札の肖像に、明治の大実業家・渋沢栄一翁が選ばれたことでも名が知られるようになった。

といっても、それまで渋沢翁の名は一般に浸透していなかったし、今でもそこまでピンとくる人物ではないだろう。実は前著『東京「裏町メシ屋」探訪記』でも触れていて、日本橋近くの常盤橋《ときわばし》公園に渋沢翁の像があると記した。**深谷は渋沢翁生誕の地**なので、駅前ロータリーにも渋沢翁の銅像がちゃんとある。万札に決まる前から地元の英雄として、街全体が渋沢推しながら、頭に鳩糞を引っ掛けられてるといった銅像にありがちな残念な結果となってるのが実に埼玉の地方都市らしい。

一応、渋沢翁について簡単に触れておこう。明治の世、日本に資本主義の社会を成立させるべく日本初の銀行の第一国立銀行（のち第一勧業・現みずほ銀行）を作ったり、製紙工場とか近代国家に必要と思われるあらゆる事業に携わった。その数、５００余ともいわれている。

辰野《たつの》金吾《きんご》の設計で万世橋駅や東京駅など**名レンガ建築**が生まれたが、それに使われた**レンガはここ深谷で作られた**。渋沢翁は故郷に日本煉瓦製造という会社を作って、そこから船で東京へと運んだ。

それにちなんで、深谷駅は１９９６（平成８）年、東京駅モドキの外観になったというわけ。実のところ、レンガは本

深谷駅のレンガは実はタイル

物ではなくレンガ風のタイル。そういうところも埼玉っぽくて逆にいい。

由緒正しい駄菓子もんじゃ

まずは駅前を散策。と、少し歩を進めた数分で見慣れたチェーン系の飲食店が並ぶ駅前らしい風景は消え、住宅街になる。錆びたトタン張りの木造家屋が続くが、そんな街並みに溶け込むかのように、**軒先にガチャガチャ**を並べた、いかにも昭和の駄菓子屋然とした店に出くわした。そう、ここで深谷もんじゃが食べられるのだ。

ガラスの引き戸をガラガラと開けると、まるでファミマにでも来たような電子音のチャイムが奥から聞こえてくる。駄菓子屋とは自宅の表を店にして、奥は普通の住居というのが基本なので、客が来たら分かるように鳴る仕組みになっているのだろう。

しばらくしてオバチャンが出てきてくれた。もんじゃを焼きたい旨を伝えると、駄菓子コーナー裏の部屋に通された。モロに、**家の台所と居間に挟まれた空間**には2台、焦げ茶色というか黒ずんだメチャメチャ年季の入った焼き台が待ってた。

オバチャンがもんじゃをスタンバってる間、駄菓子スペースに行ってベビースター

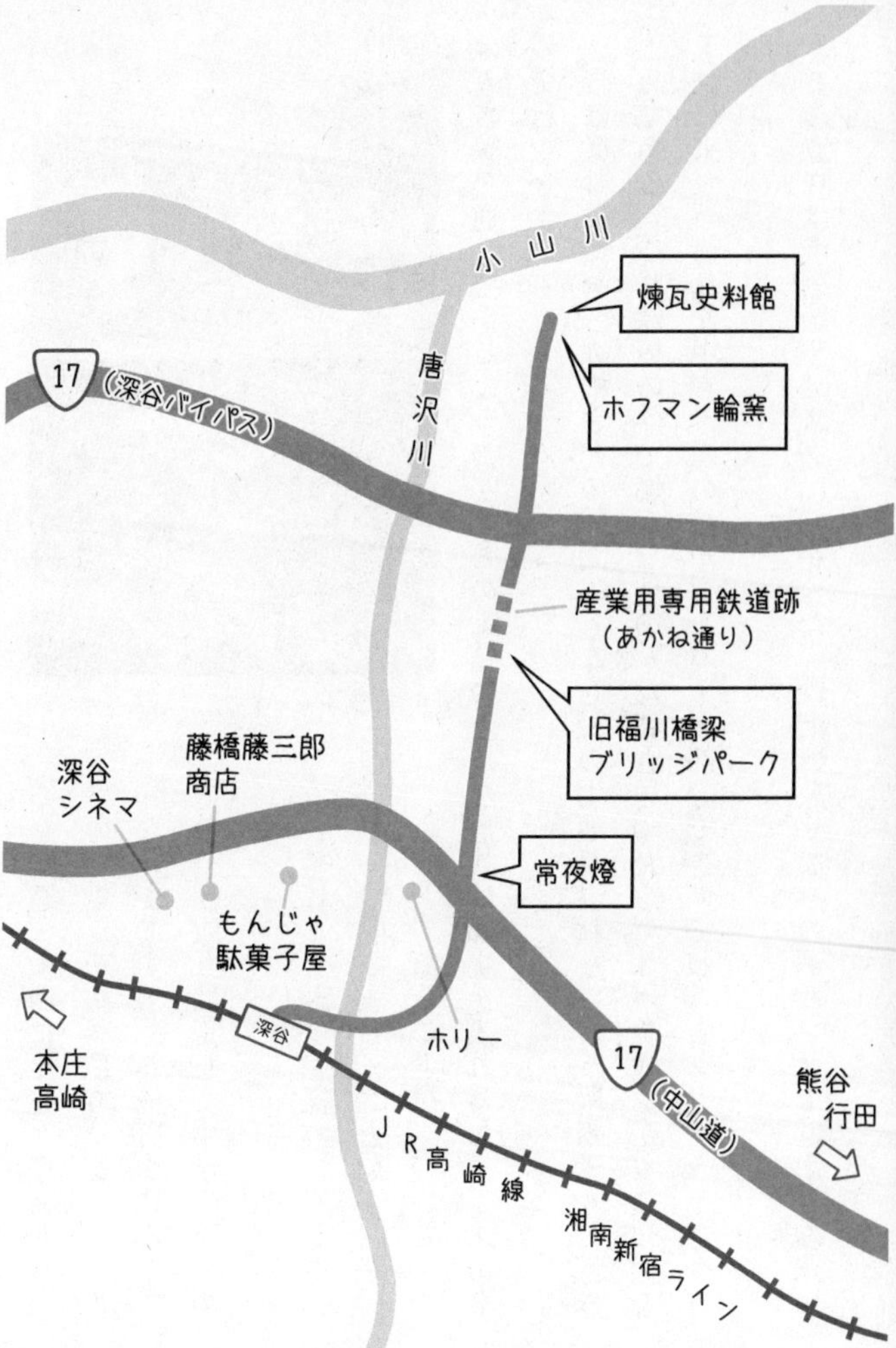
小山川
煉瓦史料館
17（深谷バイパス）
唐沢川
ホフマン輪窯
産業用専用鉄道跡
（あかね通り）
旧福川橋梁
ブリッジパーク
藤橋藤三郎
商店
深谷
シネマ
常夜燈
もんじゃ
駄菓子屋
深谷
ホリー
本庄
高崎
17（中山道）
熊谷
行田
JR高崎線
湘南新宿ライン

メチャメチャ年季の入った焼き台

を調達。一緒に冷蔵ケースから瓶のコーラを抜き取り「ジュースもらいまーす！」と一声かける。このやり取りは正しく小学生時分のまま。

ベビースターを揉みほぐしながら待つ間、まじまじと焼き台を眺めると、あることに気づいた。今はガス線を通しているようだが、この木箱のような形状は練炭を入れるスペースの名残ではないか。

台は微妙に傾き、鉄板と台の隙間にもんじゃの生地が溢れないよう段ボールで堰き止めてある。これ鉄板の熱で燃えないのかなぁと思ったら、オバチャンがガスに火を入れに来た時、真ん中らへんの盤がシルバーの部分で焼いてね、とレクチャーを受けた。

この意味は焼き始めてスグに分かった。鉄板の熱くなるのがセンター近くのみだったのだ。皆が焼いてる部分は鉄板もピカピカってこと。この辺の経年劣化加減とか、そのまま焼き手の子供側にコツを委ねる感じがモロに駄菓子屋もんじゃチックで郷愁を誘う。

いよいよ焼き始めるが、生地がヤケに白っぽい。これ、玉子が標準で入っている。玉子を入れると味がとてもマイルドになり、主張のあるソースの味と引き立て合うのだ。

生地自体はユルめで、オヤツもんじゃらしさを保っている。その分、焼けない部分に生地が流れ出すと、傾斜がついてる分、溝に流れやすい。後半汁が多くなると流れやすくなるので、なかなかに緊張感があるもんじゃだ。

いわゆるハガシのポジションにある**ヘラが、細長い台形**になっている。ここと大洗《おおあらい》でしか見たことない独特の形状で、これで一生懸命汁の流出を防ぐ。縁に角度がついてて掬いやすい形状なのもよく考えられている。これだけ特注なのだろうか。

気を張りつつも完食。ホンモノの駄菓子もんじゃを思いっ

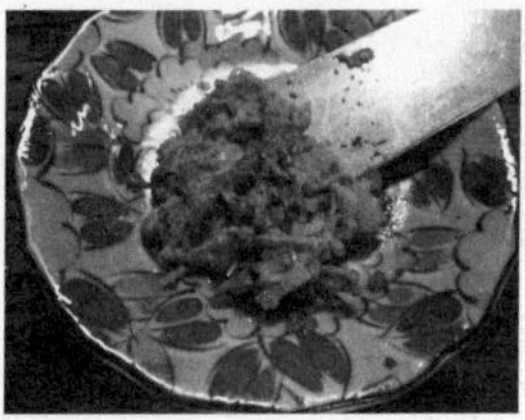
細長いヘラが特徴的

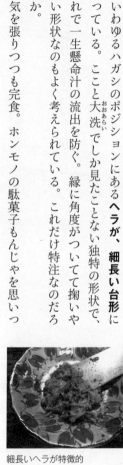

きり堪能できて心地いい満足感で全身が満ちた感じがした。

レンガを見に行くも……

深谷での目的の1つ、駄菓子屋もんじゃを堪能したところで、もう1つの目的、**日本煉瓦製造の痕跡**を探すとしよう。

船でレンガを運んだというから、工場は川の方だと思い地図を見ると、小山川《こやま》という利根川の支流にありそうだ。ただ、駅から5㎞以上離れている。

しかしそこは深谷市。**コミュニティバス**を走らせており、なんと200円で1日乗り放題！　さらに**デマンドバス**という事前予約システムも採用しており、出発時間の1時間前までに電話すれば目的のバス停まで運んでくれるという。なんて親切なんだ深谷市は。

これは利用するしかないが、予約したところで1時間どうするか。デマンドバス以外にも定期便があり、偶然もうすぐ出発するではないか。駅前ロータリーに戻るとハイエースのような可愛らしい小型バスが停まっていた。

走ること20分少々、小山川からさらに分かれる唐沢川との分岐点辺りに着いた。バスから降りた途端、目の前にズラーッと続く**見事な茶褐色のレンガ塀**が立ちはだかった。この中がいよいよ日本煉瓦製造工場だ。

しかーし、門扉は固く閉ざされたまま。偶然に居合わせた行田市職員に話しかけると、**見学は土日のみ**とのこと。ガビーン。しかし、数分で外観だけならと敷地内で見せてくれた。

レンガ造りの変電所や、ドイツから招聘《しょうへい》された技師らが住んだ、洋風板張りがモダンな住居兼事務所があった。事務所の裏手に回ると、軒下が開いていて、礎石にもレンガが使われていた。

変電所と見事なレンガ塀

見事で数分でも見ることができて幸いだったが、本当はレンガを焼き上げる窯・**ホフマン輪窯《わがま》**が見たかった。しかし保存修理工事中につき、2024（令和6）年頃にならないと見学再開しないという。残念だが仕方ない。

廃線跡×レンガ遺構

工場の創業から8年後の1895（明治28）年に、工場のある上敷免《じょうしきめん》から深谷駅まで約4㎞の**日本初の産業用専用鉄道**が敷かれた。その跡が今は遊歩道となっている。

先述の通り、当初は船で利根川を経由してレンガを運んでいたが、高崎線開業に伴い鉄道輸送に切り替えた。戦後しばらくして陸運が主役となり**1975（昭和50）年に廃線**。日本煉瓦製造自体も、2006（平成18）年に廃業している。深谷駅までこの廃線跡を歩いて戻るとしよう。

わずか2mほどのアーチ橋

工場跡を出てすぐ、雑草に覆われ、見逃してしまいそうな小川に、わずか2mのレンガアーチ橋が架かっているではないか。薄暗くてビビるが、勇気をもって茂みに入って横から眺めると、おおっ、**これぞレンガ遺構**という**陰な風格**が漂うフォルムが拝める。

工場の裏手から廃線跡の遊歩道が始まっている。周囲は田畑が広がり、空が広く遠く広がっている中を歩くのは実に心地いい。深谷だけあって、ネギ畑も散見できる。

この先、国道17号深谷バイパスを越えたところに公園があるのだが、ここにかつて敷かれていた線路が保存されていた。

公園に線路が保存されていた

芝生が広がる一角におもむろに現れてビックリだが、先ほどと同じ**プレートガーター**と、プレートを箱型にした**ボックスガーター**という橋桁の2つの橋を見ることが出来る。遊歩道側が土手になっていて、高い位置から見下ろすと、白っぽい枕木がところどころ朽ちている様が、時の流れを感じさせた。

もんじゃのメタモルフォーゼ

旧中山道とぶつかるところに、**常夜燈**という1840（天保11）年に建立された、街道沿いに設置される一晩中明かりをつけた建造物がある。

ここで一旦廃線跡を逸れて、街道沿いを散策。この辺りに**旧深谷宿**があったようで、通り沿いには古くからの建物が残り、近年まで街の中心だったことが窺える。すると錆びた看板を発見！　導かれるように路地を入ってみると、昭和末期を思わせる小綺麗な喫茶店「**ホリー**」が佇んでいた。

店内もやはりなんでもない日常風景に溢れていて、コスメティックルネッサンスなイラストのパズルが飾られていたり、長居してくれといわんばかりに漫画がたくさん並んでいる。定番のマンサン（町中華や床屋でも必須の『漫画サンデー』）以外にも新しめのものもあり、スーパードクターKの続編が刊行されてるとは知らなかった。

一晩中明かりをつける常夜燈

実は深谷ならではの**お目当てメニュー**があるのでそれと、アイスコーヒー420円を。アイスコーヒーはなんとその場でマスターがドリップしてくれる。こういう喫茶店は作り置きかパックのを開けるだけがほとんどなので、手間ひまかけてくれる店はとても貴重。飲んでみると、これがしっかりと濃いながらもクリアでスッキリ飲める。

で、お目当ての料理だが、これがなかなか出てこない。大丈夫かと本気で心配になった頃にやってきました、**深谷もんじゃ風ピザライス**680円！

チン！という音が聞こえても出てこない。キッチンからトースターの

硬めのご飯が敷かれた上にチーズが乗って、その上にネギや桜エビ・鰹節などのもんじゃの具が焼かれている。上に青海苔かかってるしソースの味もするので、最初はどちらかというとお好み焼きっぽい味に感じられたのだが、食べていくともんじゃっぽい味になるから不思議だ。恐らく、鉄板の端に出来たチーズ等の焦げがもんじゃ的アクセントになってるのではないかと。

しっかり作られた味ながら、喫茶店らしい軽食であることを守っている。このバランス感覚が実に素晴らしい。

深谷もんじゃ風ピザライス!?

宿場町の名残を探して

再び常夜燈に戻り遊歩道を進んで駅に戻ったが、これという遺構は見受けられなかった。ならば、ホリーの周辺で見たような、宿場町があった街の名残はほかにないか探してみたくなった。

旧中山道に出ると、レンガで造られた煙突が幾つか見える。深谷には**酒蔵が多く存在**し、煙突や蔵が地場産業であるレンガで造られている。

「**東白菊**《あずましらぎく》」と白地で書かれた一際目立つ煙突が建つのが、**藤橋藤三郎商店**。江戸時代末期、1848（嘉永元）年に越後から来た酒蔵で、現在は売店も併設しているので、お土産にピッタリだ。小瓶300㎖を一つ求めたが、穏やかにスッキリ飲める日本酒だった。ちなみに、渋沢翁のラベルの瓶も販売されている。

レンガ造りをよく見ようと酒屋の裏手の路地に入ると、廃墟となって長らく放置されているようなボロボロの民家があった。周囲にはシャッターを閉めた木造平屋建ての商店が多く昭和の頃までは栄えてたんだろうなと思われるが、多くの地方都市や旧宿場町と同じく、地場産業が過去のものとなった街特有の侘しさが漂っていた。

旧道を西へ進むと、さらにレンガの煙突が見えてくる。**レンガ蔵や商店が密集する横丁**のようになっていて、入ってみると、なんと蔵が映画館になっていた。ここ**深谷シネマ**は、300年の歴史を持つ七ツ梅酒造の跡に、2010（平成22）年4月に移ってきたようだ。

名画座のようで、塚本晋也の『野火《のび》』などを上映していて、今や都心でも少なくなったミニシアターの面影を残している。こうした映画館には埼玉では先に取り上げた**川越にスカラ座**がある。カルト映画の金字塔、ホドロフスキーの『エル・トポ』なんぞを上映するなど攻めてる映画館だ。東京では少なくなる一方の名画座だが、川越スカラ座にせよ、深谷シネマにせよ、埼玉には名画座を残そうという気運でもあるのだろうか。新作以外の映画との出会いの場を残してくれているのは、有り難いの一語に尽きる。

この深谷シネマ一帯は、かつて賑わって

地場産業のレンガを使った煙突

いた頃の深谷らしい建物をリノベーション的に残して、雑貨屋やカフェが営業している。なんでも安直に古民家をカフェにするような風潮はいかがなものかという意見もあろうが、周辺の状況を見ると街の活性化はかなり厳しいと思う。

「ここだけでも往時の街並みを留めてくれたら」……駅に戻り、乗り込んだ帰りの電車の車窓から、遠ざかる深谷の街を眺めていると、そう願わざるを得ないのだった。

深谷の街並みと深谷シネマ一角

コラム5

最北の地・本庄へ

ＪＲ高崎線は深谷から先で群馬県に入る。県境の街となる本庄〜神《じん》保《ぼ》原《はら》エリアには工場が多く、出稼ぎに来た外国人によるコミュニティが形成されていると聞いた。そんな現状を見つつ、**中山道県内最大の宿場**といわれた**本庄**の街を巡ってみたい。

本庄駅で下車すると、**ホームに立ち食いそば店**がある。そして北口を出たタクシー乗り場のところにも「うどん・そば」の幟が立っている。実は同じ店。これは、**桶川**で見たホームにある日高屋と同じシステムで、ホームの中からも外からも利用できる立ちそば店なのだ。

都心でもたまにあるし、郊外ではよく見かけるものの、ここまでホーム外の店舗っぽい顔でしれっと佇んでると妙に気になってしまう。

少ないメニューの中、違和感ありまくりなのが上天ぷら４７０円。かき揚げにゲソが入っているようだが、それってそんなにスペシャルなことなのかな？

ともあれ食べてみると、細かく刻まれたゲソは噛むごとに旨みが出て、黒いオールドタイプながら甘めの汁と、かき揚げの衣の油とマッチして、確かに特別感があった。

ホーム内外から入れる立ちそば店

そばは黒っぽいボッソリとした立ちそばらしい代物。これがイイ。汁がぬるいという話も聞くが、これは電車に乗る直前に手繰る利用者が、速攻で食べられるようにという配慮だろう。そういうところに汁の温度以上の温かみを感じる……なんて上手くもなく〆たところで先を急ごう。

本庄駅北口から真っすぐ延びる道は、旧道に近いからか、焦げ茶色の渋みが出まくりな板張りの商家が多く軒を連ねている。少し歩くと旧中山道にぶつかるのだが、ここにも同じような軒並みが続いている。

この先でぶつかる広い道路が現国道17号。ここに**日本最古といわれるドライブイン**があるので寄らないわけにはいかない。

熱帯植物園かと見紛うばかりの大きなガラス戸の**不二ドライブイン**は1964（昭和39）年創業で、これより以前に郊外型ドライブインはないから最古ではないかとされている。

店内は小上がりも広く取られ、一体何十人入れるんだという規模。衝立《ついたて》がわりの本棚には、『代紋TAKE2』などの漫画がズラリと並ぶ。

天ぷら定食800円は、天ぷらだけでもエビやナスのほかただでさえ種類が豊富なのに、これにご飯や漬物、鴨南蛮うどんまで付いてくる。どれもしっかりしながら非常に上品な味わいで、ドライブインのイメージからは離れた逸品ばかり。

食後はジンジャーエールで〆。ドリンクもセット料金に含まれるという太っ腹加減。800円でいいのか心配になる程の量とクオリティ。厨房のご主人もフロアの女性も優しい接客で、家族経営ならではのアットホームな空気に店中が満たされているように思えた。

（たぶん）日本最古のドライブイン

旧中山道に戻り、西へと歩みを進めてみよう。旧街道に面して薬局や陶器店など看板建築が1㎞以上続いている。
路地裏はどうなっているのかと覗くと、スナック街を発見した。**稲荷横丁**

というらしく、木造平屋建ての酒場なんかがあったりして、昭和の時代までは相当賑わっていた痕跡が窺える。
この隣に**銀座通り**という道があり、この間に、丸窓や凝った木の手摺りが配された料亭のような木造建築がデーンと佇んでいる。こりゃ**遊廓っぽい**なと思ったら、やはりそこは宿場町、大宮や熊谷などと同様、表向きは乙種料理店として営業していたようだ。

旧街道沿い（上）、歴史民俗資料館は見学自由（下）

ほかにも、明治期に警察署として建てられたモダンな洋風建築が歴史民俗資料館として自由に見学できたり、銀行のレンガ倉庫をイベントスペースとして開放していたりと、歴史的建造物にここまでペタペタ触れるのは意外と珍しいかもしれない。

と、ここまでは高崎線の北側を巡ってきたが、線路を渡って南側に向かってみる。というのも、こっち側に**外国人が集うエリア**があるようなのだ。

行ってみると、ココ数十年で建てられたような家々が並ぶ住宅街で、外国人がたくさん働いてそうな大工場街という雰囲気はない。

二本松通りという少々交通量の多い道路に出たところに、いくつものスナックが集結している建物を発見した。「にゃん²」という屋号が「KYON²」みたいで時代を感じさせる。

この向かい辺りに、**ミニショップブラジル**という南米輸入食品スーパーがあった。界隈にはやはりブラジリアンコミュニティがあったそうで、食材販売のほか、小さなイートインスペースも併設され、そこでは極力ブラジルの食材で作り上げたという特大ハンバーガーが提供されていた。

それを食べたいと思っていたのだが、2018年に閉店してしまった。時既に遅し。

ほかにもブラジリアンコミュニティ向けの店はないか、キョロキョロしながら本庄駅近くまで戻ってきたところで、ショッピングセンターの**アピタ**が見えてきた。アピタを運営するユニー株式会社は愛知の企業で、ドラゴンズファン的にはスルーできないから、一休みすることに。

フードコートに向かうと、トルティーヤ的な薄いパンを巻いたブリトーみたいな写真を掲げている店を発見した。屋号には「**MKケバブ&ピッツア**」とある。厨房を見ると、祭や駅前に出ているドネルサンドのワゴンで見かけるような、肉が棒に巻かれてグルグル回っているやつがある。

店員の中東系の女性にメニューを指差し、ジェスチャーを交えながらケバブセット750円を注文。飲み物はとリストを見ると、**トルキッシュ紅茶**というのがあった。

そういえば駅前の通りに、トルコの旗が掛かっていた。本庄市は東京2020オリンピックではトルコのホストタウンとなっているようだ。それで、ショッピングモールにもトルコ料理の店が入っているのかな?

駅前の通りで見たトルコ国旗

で、そのトルキッシュ紅茶だが、ひょうたん型の可愛らしいグラスの脇にスティックシュガーが付いてくる。ザーッと入れて底に溜まったまま飲むというのを見た記憶がある。やってみると、紅茶が熱いせいか、底にはあまり溜まらず大方は溶けてしまったが、そんなに甘みが強くなく、スッキリと飲めた。
続いて**ケバブビーフロール単品**800円。薄焼きのパンは粉の風味が香ばしくもモチッとした粘り気もあって、単体で1枚食べたくなるほど。ローストビーフほどの薄切り牛肉は肉の焦げたところの香ばしさとか、牛らしい脂の甘みも十分美味しいが、甘辛なソースと一緒にこの薄焼きパンと食べることで、合わせ技での独特な旨みの世界が形成される。

結構デカめのカットのトマトが入っていたりと、葉物野菜と合わせてかなりのボリュームながら、あっという間に食べきってしまいそうだ。

勢い良くケバブにかじりついていたら、飲み物が足りなくなってしまった。トルコということは、ターキッシュコーヒーと呼ばれるトルココーヒーがあるはずだ。店先のメニューをみると、**「トルキッシュカフェ」**250円の文字が!

「ターキッシュ珈琲」という歌詞が出てくる飯島真理の歌があり、子供の頃、それがなんだか分からなかった。大きくなって、トルココーヒーなる飲み物があり、細かく挽いたコーヒー豆に水を入れて温め、粉が沈殿した状態で飲むと知った。さらに砂糖もたくさん入れて甘くするらしい。

トルキッシュ紅茶&ケバブビーフロール

先のお姉さんに注文すると、レジ横にあるファミレスで見かけるようなドリンクバーの機械に向かい、ジョージアのボタンを押した。こういう場所ではそれも仕方ないかと思った矢先、店のそのお姉さん、奥の厨房でコーヒーを入れた容器を温めているではないか。妙に時間をかけているぞ。

出てきたそれは表面が泡立って、写真で見たことのあるトルココーヒーにそっくり。飲んでみると、甘さも相まってインスタントっぽい味がするにはするが、それだけではない、きめ細かな濃さを感じる。

飲み切る直前で底に砂のように溜まる珈琲の粉を発見。ここまで本格っぽいトルココーヒーが出てくればもう大満足。再び脳内で飯島真理がリフレインし、本庄駅へと戻っていくのだった。

（アピタ本庄は、2020年5月中旬にドン・キホーテとユニーのダブルネーム店舗としてリニューアル。このケバブ店も営業再開している）

腹ごなしも出来たし、温泉でも入って帰るとしよう。というのも、群馬との県境を流れる神流川《かんながわ》沿いには温浴施設が充実しているのだ。どこも離れた場所にあるが、本庄駅をターミナルにバスがアチコチに走っている。

というわけで朝日バスに乗り込む。高速や新幹線の高架を抜け、**ディーゼル車で単線の八高線《はちこう》**も越え、群馬の山々が近づいてくると、シャレた佇まいの「**おふろcafé白寿の湯**」が出現する。

古くからある質素な町の温泉施設を、路線バスの旅コラムでも触れた、大宮のおふろカフェを運営する会社が改装した。こちらも和モダンで女子が喜びそうなイメージではあるが、地のものを使った自然派の食事を出す食堂を作り、年配客にも響く施設になっている。

ただ浴室は大宮同様、ほぼ手が加えられていないのだが、こちらはそれが功を奏している。ショッパイ泉質で、緑茶色と黄土色の中間のような色味という都心でも湧く温泉なのだが、**かけ流しの湯**が浴槽から大量にジャバジャバと溢れ出ている。それがまるで千枚田のように、凝固した温泉成分が床に層を成している。底の浅い浴槽に寝転がりながら、山々を眺めつつ日差しを浴びつつ、濃厚温泉にどっぷり浸かる至福ったらない。

温泉のあとは食堂で舌鼓

地方の温泉地ならではのディープさを堪能し、なおかつ現代のスパ銭のモダンな空間で土地に育まれた食事も楽しめるという、本来なら一緒にならない**2つの良さ**がそれぞれに楽しめるというユニークなスポットだった。

第七章 秩父盆地極楽案内

秩父セメント廃線と、類まれなる盆地カルチャー

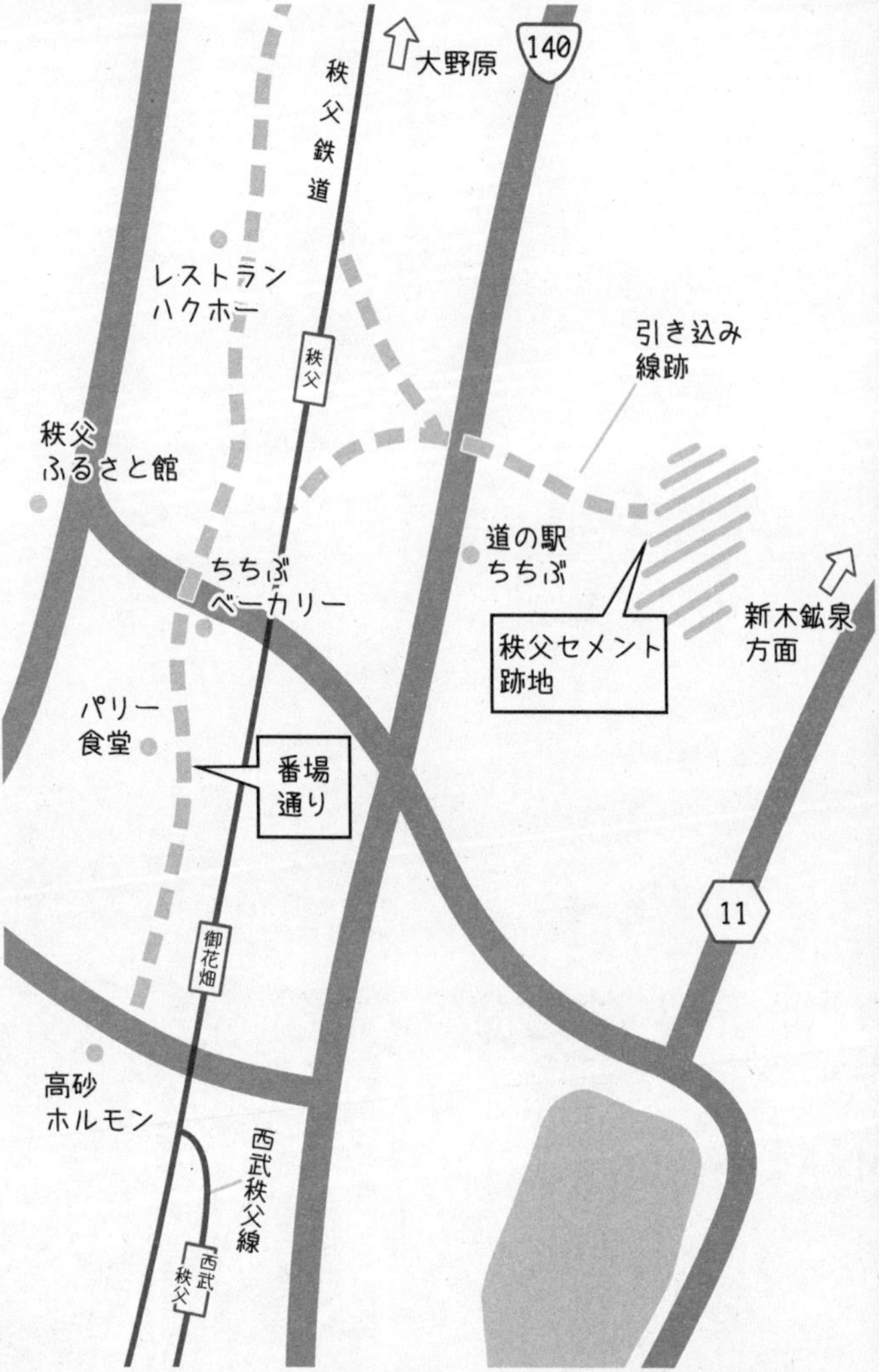
大野原
140
秩父鉄道
レストラン
ハクホー
秩父
引き込み
線跡
秩父
ふるさと館
道の駅
ちちぶ
ちちぶ
ベーカリー
新木鉱泉
方面
秩父セメント
跡地
パリー
食堂
番場
通り
11
御花畑
高砂
ホルモン
西武秩父線
西武
秩父

秩父といえばセメントと看板建築

秩父に初めて来たのはいつのことだったか。

記憶している限りでは大学時代。サークルの合宿で、西武秩父から秩父鉄道の御花《おはな》畑《ばたけ》駅に乗り換えた時、浅草の仲見世のような、土産物屋と饅頭屋の並ぶ商店街を歩いては、ザ・田舎の観光地だなという感慨以外湧かなかった。

しかしその観光地の遠景には常に**秩父セメントの巨大工場**がそびえていたし、その後友人と西武鉄道の食べ歩きで来た際も、目指す飲食店の奥に秩父セメントの巨大工場を視覚していた。

秩父は盆地として知られているように、周辺を山に囲まれている。その山肌の一部を削って工場は作られた。秩父鉄道に乗ると、峰に沿ってセメント工場の煙突やサイロが車窓に常に映し出される。

あまりに圧倒的というか、その圧迫感におののきつつも魅入られ、いつかじっくり来ようと思っていたのだが、やっと赴いた時には工場は閉鎖。車窓を見てもただ、遠く山々を眺めるのみだ。

しかしまだ、西武鉄道の秩父駅から工場へと延びていた**引込線の跡**が残っているというではないか。調べれば昔から親しまれ続ける食文化も色濃く残っているようだ。熊谷などからは秩父鉄道で、池袋からは西武鉄道の特急でスグ行けるし、最終章は埼玉の最奥部、秩父へ行くしかない！

先述したように西武秩父の駅を降りると、浅草の仲見世チックな商店街が待ち構えているのだが、ここには**秩父そば**の店もあるし、秩父名物として推したいらしい**B級グルメのデカ盛り丼**まで揃っているから、観光客の多くはここである程度満足出来るだろうし、秩父もどこにでもある観光地かと思う向きもあるかもしれない。

まぁ自分のファースト・インプレッションも後者だったのだが、商店街を抜けて秩父鉄道の御花畑駅に向かうと、旧街道のような趣の、車が通るには狭い通りがある。**番場通り**といって、左右には商店がズラリと並んでいるのだが、多くはシャッターを下ろしている。

かつては相当賑わっていたのだろう。凝った銅板ではないものの、さまざまにかた

有形文化財に登録される小池煙草店

どられた**看板建築のオンパレード**。建物自体の躯体がしっかりした木造建築が多いようで、経年変化してもシャンと立っている感じがカッコイイ。

個人医院など、ところどころ**立派な洋館**が見受けられるのも一興だが、そんな中で群を抜いて意匠が飛び抜けている物件が向かい合う一角がある。緩やかなカーブを描く2階部分には十字の紋章まで装飾されており、これが煙草屋というのだから洒落ている。角地がかつての窓口部分と見えて、波打った庇部分がなんとも愛らしい。

この一角にある建物全てが**昭和初期・戦前築**で国の登録有形文化財に指定されているのだが、その本丸ともいうべきが**パリー食堂**だろう。

完璧すぎる！　理想の洋食屋

屋根を高くした正面モルタル看板部分に黄金色に輝くパリーの文字！　もうこれだけでヤバすぎるが、紺青の暖簾に染め抜かれたパリー、その上のアサヒビール、料亭と書かれた木札、チキンライス・カツカレー・オムライス・五目そばと少々黒ずんだサンプルが並ぶショーケースと、どれをとっても完璧すぎる**理想の洋食屋**の様相。こ

どこをとってもカンペキ……

れよ、これ。入るなという方がウソでしょ。

店内は薄暗く、かつて受付だったようなカウンターには隅を斜めに施した小窓があったりと洒落ているが、ほかは至ってフツーの昔ながらの食堂風。席に着くとおじいちゃんがお茶を持ってきてくれる。卓上のメニューには外のショーケース同様、**洋食と中華の定番メニュー**が並ぶ。

注文を告げるとおじいちゃんは奥に消え、調理を始める。どうもお一人で営まれているようで、途中電話が鳴っては、作業を止め一人で対応していた。ちょっと近所に用足しに行くときも入口に鍵がかかるので、そのタイミングで入店した人は休みかと焦ってしまうだろう。お年を考えると、あまりキッチリとした営業を要求せず、行って開いてなかったら時間をずらしてみる程度の接し方がよさそうだ。

期待に胸を膨らませていると、やってきました**ソースカツ丼**７００円。おおっ、ぱりーと書かれた丼に、これまたぱりーと書かれた蓋がかぶり、隙間からカツが覗いている。シビレるビジュアルだね。

蓋を取ると、フィッシュカツくらいの程よい大きさのトンカツが3つ顔を出した。キャベツは敷かれておらず、米とカツのみという**シンプルすぎる構成**なのもグッと来る。

まずカツを一口ガブリといくと、カリッとした**クリスピーな衣**の食感がやってくる。あのおじいちゃんが揚げたとはビックリなハード仕様。トンカツは赤身のホクホクした食感が特徴的。しっかり肉々しくもソフトな歯ざわり。

これ結構いい肉なんじゃないだろうか。秩父は豚の味噌漬けが名産で、この隣も有名な豚味噌漬けも扱う肉店なので、何かしら繋がりを勘ぐってしまう。

カツはソースにくぐらせたと思われ、衣の色がやや黒っぽくなっている。会津若松や福井など、ウスターソースにくぐらせるタイプのソースカツ丼があるが、それに近い。ソース自体はややキャラメルっぽい甘みが立っているが、ホカホカのご飯とカリカリのカツにこのソースが絡んだのが口中で合わさると、得も言われぬ幸福感に満たされる。ああ、やっぱ洋食屋の幸せって、こういうなんでもなさの中にキラッと光る

蓋に描かれた「ぱりー」もイイ！

もんがあるかないかによると思う。

漬物も自家製のようで、シッカリ味の染みたもの。完食するとこの皿にもぱりーの屋号が。

見た目同様、**とてもホックリできる味**で、会計時少しお話させてもらうと、過剰に礼を言わない素のリアクションで返してくれたのも自然体で嬉しくなった。

ツボつきまくりの総菜パン

パリー食堂の軀体は木造の重厚感のある建物で、店の裏手に回るとその様が見て取れるが、先の商店群の通りから一本裏手に入ると、こうした**木造家屋がかなりの数現存**している。

見とれながらプラプラ歩いていると、**パステルカラーのタイルパターン**が目に眩しい銭湯が現れた。前後の都合で入浴できなかったのが残念だが、横から見る限り、洋風下見板張りの洒落た木造建築。内部もきっとモダンなことだろう。

中央のタイルパターンが愛らしい

番場通りを抜けると秩父のシンボル、秩父神社に出るが、この通りは参道のポジションなのだろう。神社の大鳥居の手前に、見過ごしてしまいそうな程控えめな街のパン屋「**ちちぶベーカリー**」がある。

中はやや暗めで、奥の工房から気の優しそうな年配のお母さんが出てきて迎えてくれた。惣菜系の菓子パンが多く、ロゴの入ったビニールにくるまれているのが可愛らしい。昭和から**街で愛されてきた歴史**が店内のそこかしこから伝わってくる感じがなんともタマラナイ。

どれもしっかり食べごたえのありそうなパンで目移りするが、気になったいくつかを見繕って購入。上にチーズのかかったチーズカットなるパンは、かなりしっとりとしたベースのパンでもろドツボ。ややネッチリとした食感で、口中にナチュラルな甘みが広がる。焦げたチーズの苦みとコクとの相性がバツグン。

どれもベースのパンはこの味わいながら、最もツボだったのが**コロッケパン**。蒸気でベチョッとしたところにたっぷりソースがかかっているものだからシナシナになっ

中身はカレーコロッケ

た衣がまた良くて、パンの甘みと甘めのソースが馴染み、子供時分に返ったように笑みが溢れる味わい。

そして最強のポイントはコロッケの中身。なんとカレー。全然辛くないのだが、カッタルくない甘さで何気に具だくさん。これが実にパンとソースに合っている。**マッチングの妙**というか駄菓子感覚なんだけど変なものが入ってないというかシッカリ手作り感があって、なんだか嬉しくなってしまう。

妓楼街があった路地

番場通りから裏路地に入ると、大きな屋敷跡だったのだろうか、広い土地を駐車場にしたところに出た。かつての塀の跡が見受けられたのだが、この塀、下の部分に空気抜きのような穴が開いていて、しかも松の葉をかたどったような形状をしているのだ。塀の基礎部分はレンガが積んであり、これはもしかしたら**娼館跡**じゃないだろうか。

というのも、秩父ふるさと館という、大正時代の銘仙（織物）問屋の店舗と蔵をカフェや物産店・展示スペースにした、観光地にありがちなスポットがあるのだが、この裏にかつて**妓楼街があった**というのだ。

松の葉をかたどったような穴（上）、メチャメチャ存在感ある一軒（下）

行ってみると、蔵を利用したそば屋の対面にイキナリ、風雪に耐えてきた焦茶色の鈍く黒光りする下見板張りと胴葺きの雨樋のエメラルドグリーンの対比が眩しすぎる1軒が現れた。これは**メチャメチャ存在感ある**。

細部を見ると庇が少々複雑に折り重なり、それを支える木材の形状も微妙に湾曲し色気を感じさせる。窓枠も繊細な意匠が施され、どっしりとしながらもどこかしなやかさがあって、堅気の住まいでない妖艶さを覚える。

この並びには5軒以上に棟割された**長屋が連なり**、車が通る普通の道にズラッと顔を揃えている。造りは先の家と同様ダイナミックかつ繊細で、棟割長屋独特の安普請《やすぶしん》さは感じられない。

さらに進むと、細い路地に妙な一角を見つけた。空き地の脇には元居酒屋のような廃墟があり、対面には今でも営業している美容室。その突き当たりを折れると、いかにも妓楼といった**黒い板張りの一軒家**。この家、きっちり手入れされているようで、木が腐ったり曲がったりしている部分が見当たらない。

黒い板張りの一軒家

2階バルコニーを支える木部の意匠も特徴的で、往時はさぞ立派だったろうと思わせる。先の美容室といい居酒屋といい、ちょっと場末感のある路地には、ジメッとした空気感がある気がする。秩父には**花街だけでなく赤線もあったという噂**を耳にするが、もしかしたらこうした一角だったのかもしれない。

この路地から抜ける手前に、小

さな稲荷神社がある。キレイに清掃されて地元で大切にされている様子が窺える。寄進者名簿に「芸妓組合」「料理店組合」があると聞いていたが、それらしきものは見受けられるものの、雨風で字が消えかかりよく分からなかった。

ハンバーグサンドを頂きます

秩父神社脇を抜けるとスグ秩父駅のロータリーに出る。この周辺は町の洋食屋がかなり残っていて、少し歩くだけで数軒発見できるほど。どこも渋くてソソられる外観ながら、最もグッと来たのがここ、**レストラン ハクホー**。

大きく「レストラン」と書かれた横長いテント看板に、入口脇の縦長のサンプルショーケースがあるというのも大衆洋食店らしい。ショーケースの中にはハンバーグのほかグラタンなどのサンプルが並び、**気安さの中に本格洋食の雰囲気**を漂わせている。

店内はちょっと高級感ある喫茶店の雰囲気。スパゲティミートソースなど庶民的なメニューが懐にやさしい価格で並ぶが、牛ヒレステーキがグラム別で4000〜7000円台だったり、スープの種類も豊富で、洋食として相当なものが期待できそうだ。

先に出してもらったホットコーヒー３１５円に、コーヒーフレッシュではなくちゃんと乳っぽいのが付いてきたのが嬉しい。コーヒーはスーッと胃に入ってじんわり全身に染み渡る。あぁ、散策の小休止のコーヒーって最高。

そして、やってきた**ハンバーグサンド**７１５円。３つに切られており、一瞬量が少なく見えるが、横から断面を見ると思わず笑みがこぼれてしまった。これがもうなんとも肉厚なハンバーグ！　**身がミチミチ**に詰まってて、はち切れんばかりに真ん中が膨らんでいる。

ソソられるショーケース

こういうのは一気にいくのが吉とばかりにガブリと頂くと、多少の肉汁とともにこぼれんばかりにハンバーグのミンチが口中に押し寄せてくる。肉の確かな存在感はあるのだが、ホンワカとした優しい焼き上がりで、ガツガツした男性的なものとは違う食感。１つのハンバーグの中に静と動が同居してて、バランスの妙に一気に引き込まれる。

パンは、しっかり焦げ目がついておりつつ**生地がホカホカ**。これだけ大きな具を挟むとペチャンコになってしまうものだが、それでもソフトさを残してて、パンの甘みがソースのややスパイシーなニガ甘さを受け止め絶妙な満足感を与えてくれる。

さらにシャキシャキ気味のタマネギの苦甘さがアクセントになって、もう幸せすぎて、思わず足をばたつかせずにいられなかった。

なんとも肉厚なハンバーグ！

興奮！　秩父セメント引込線

秩父駅南端の踏切を渡る途中、いま列車が走っている本線から分かれるポイントが見えた。一番端の線路は東の山側へと急カーブを描いている。
ここが**秩父セメントへの引込線**だという。追えば秩父セメントの工場跡に辿り着けるのではないか。これは行くっきゃない！

踏切を渡った先に材木工場があり、その工場脇に待避線らしき砂利敷のスペースが見える。この周囲には幾つもの引込線があったのだろうか。途切れた線路や、朽ちたキロポスト、真っ黒な廃貨物が佇んでいたりと、**廃線跡の残骸のオンパレード状態**で、怪獣墓場にでも辿り着いたような終末感を覚えた。

またこの日の空は見事なまでに快晴！　青空とのコントラストが余計に残骸のおぞましさを増幅させる。

廃線跡の残骸のオンパレード

秩父駅の北側にも引込線跡があり、平屋建ての木造民家が軒を連ねる間から、**土手状にこんもりと盛土**が続いているのが見えた。さらに**架線柱**も窺え、これは一発で廃線跡と分かる景色だ。

土手の上に登れたので歩いてみると、線路が敷かれていた部分は砂利敷になっており、その脇の芝状の部分には春らしい草花が芽吹き始めていた。ここは天国かってくらいフワフワしてくる景色。オレ死んじゃったのかな？って錯覚するくらい牧歌的だ。

そんな草花に紛れて、柵がわりに再利用されたレールを、自立させるために固定していたであろうコンクリートの基礎が埋まったままになっていた。レールがあった部分は赤茶けて「工」の字を描いている。

晴れ渡る空の青を突くかのように、風雪にさらされ続けた**木柱が等間隔に整列する**姿はまさに爽快の極み。気持ちよく歩いていると、秩父駅の南側からの引込線と合流する地点に着いた。ここに錆びた線路が埋まったコンクリの基礎があり、腐った木材が渡してある。

いよいよ秩父セメントがあった土地は目前だ。国道140号彩甲斐《かい》街道のアンダーパスを抜けると、フェンスで覆われた砂利敷の土地が広がっていた。

秩父セメントは1923（大正12）年に会社が設立し、この工場は1925（大正14）年から稼働している。背後にそびえる武甲山《ぶこうざん》から石灰が採掘されたため、この土地にこれだけの巨大工場が作られたのだろう。

土手状にこんもりと盛土が

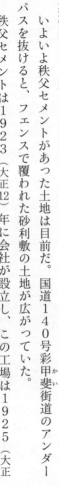

本格的に発展したのは戦後、特に高度成長期から1970年代にかけて。セメントの需要が拡大したからだ。1956（昭和31）年に作られた**秩父セメント第二工場**は、谷口吉郎《たにぐちよしろう》というオッサンの設計によるもので、鉄とガラスのカーテンウォールで作られたという。**近代モダニズム建築**としても貴重だったそうだ。

詳しいことは抜きにしても**圧巻の佇まい**。是非ネットで検索して往時の勇姿を目に焼き付けてほしい。ドイツのフェルクリンゲン製鉄所が世界遺産になるのだから、なんで取り壊したのだろうと思うに違いない。秩父が工場跡地を観光地として考えているようだが、恰好の観光財産を壊してしまっては元も子もない。

工場の解体は2008（平成20）年だが、2000（平成12）年の段階で操業は停止していた。平成に入ってセメント産業は国内需要の著しい減少を受け、幾多の合併を繰り返し、2000年に太平洋セメントに子会社化された。跡地に張り巡らされたフェンスに掲げられた注意書きの看板が太平洋セメントになっているのはそのためだ。

フェンスの先は、工場跡地に建つ施設の駐車場になっており、その入口から武甲山の禿山に向け、**放射状にバーッと引込線**の線路が広がっていた。こういう形で残っていようとは！　興奮冷めやらぬまま、立入禁止となっている武甲山の麓のフェンスまで近づくと、足元には**踏切跡らしき線路**がクッキリと姿を留めていた。確かにここに、秩父の近代の発展の証が埋まっていた。

ただものじゃない立ち食いそば

秩父セメント工場跡地にはショッピングモールのほか、**道の駅**が作られている。パッと見、高速のPAのようなどこにでもある施設のように見えるが、入ると妙に狭く、地元PRコーナーはあるものの、グッズ的な土産物ばかり。

ここに、秩父そばの会が手掛けた**立ち食いそば店**があると聞いてきたのだが、どこにあるのだろう。土産物コーナーを探し回ると、奥に立ち食いスタンドらしきカウンターが。

それにしても暗めで美味しいそばが出てくるか少々心配になるが、ともかく券売機で食券を求める。カウンターのおばちゃんに券を渡し、壁のドデカい地元PRポスタ

引込線の先には広大な工場跡地

ーの下に、3席だけパイプ椅子が設置されていたのでそこに着席。
カウンター脇のウォータークーラーで水を汲んでいると、おばちゃんが麺ゆでをしてるのが見えた。これが大釜の前で平ザルで上げる**本格的**なものでビックリした。これはもしかしたらもしかするぞ。

ざるそばの方ぁ?という声で取りに行くと、ざるそば450円の出来に思わず二度見してしまった。外皮と思われる黒いツブツブが散在している、**いかにも手打ち風の田舎そば**だ。ややスクウェアなエッジの立つ形状で、瑞々しく艶やかに光っている。

道の駅とは思えないレベル!

よく見ると、太さがまばらな部分があって、極太麺がゴロッと出てきた。噛んでみるとこれがかなりのガチムチ系。ボソッとした粉っぽさより、目の詰まったムッチリ感が先に立つ。キュッキュとした心地よい噛み心地で、ドンドン食べられる。

そばつゆはあっさりめながら物足りなさはない。立ち食いとはいえ、この値段でこの味なら文句なし。秩父そばの会の看板は伊達じゃなかった。秩父そば、ナーメテーター！

せっかくだから温泉に入ろう

秩父セメント跡地の裏手には県道11号が横瀬川に沿うように走っており、幾つかの温泉地へのアクセスルートになっている。秩父まで来たんだから温泉に入りたい！

周囲の山間を含めれば、広範囲に**かなりの温泉地が存在**するエリア。秩父駅から秩父鉄道に乗り込み、隣駅の大野原で下車。1・5㎞ほどで**新木《あらき》鉱泉**の看板が見えてきた。くねくねと路地を曲がると、まるで黒川温泉にでも来たような、現代的な和モダンな旅館がお出迎え。

入口のところで女将らしき人が出てきて、宿泊かお風呂のみか聞いてくる。日帰り入浴の旨を伝え、その場で会計。お風呂は隣にある離れのような建物の中のようだ。一旦外に出てすぐ、湯と書かれた暖簾をくぐる。そこにはかなり手の込んだ和風オサレスパのような木調の廊下が延びていた。

　男湯の戸を開け、いざお風呂へと扉を開くと、灰暗い室内浴槽の先に、青空からバーッと明るい陽射しがこちらに向かって差し込んでくる。逆光だから余計に室内の暗さと外の晴天のコントラストがはっきりするのだろう。

　洗い場は木桶や木の椅子とこれまた**落ち着いた木調**で統一されている。たまにスパ銭であるのだが、桶は木だとヌメってあまり気持ちよくない。しかしコチラは手入れが行き届いてるようで不快感はない。

　シャンプーもボディソープも美容に良さそうなのが完備され、スパ銭レベルの充実度。最近の温泉旅館は一昔前とは雲泥の差だね。スパ銭に皆行き慣れて、ただ良いお湯に浸かれるだけじゃ経営が難しくなっているんだろう。

　まずは露天だ！と外に出ると、**目の前の光景にア然**とした。

　さっきは青空くらいしかハッキリと見えなかったが、スリット状の格子戸の隙間からは、畑と民家がバッチシ窺える。ということは、家のベランダや農作業中のトラクターからこち

和モダンな新木鉱泉

らのマッパもバッチシということじゃないか。

女湯はどうなっているのか気になるところだが、塀の扉は引き違い戸になっていてスリットの幅を調節できる。なので、隙間が細くなっているのだろう。見渡す限り誰もいないので、**真っ裸で絶景独り占め**だ。

湯は縁がひのきで形が円の浴槽と、家の風呂のようなバスタブタイプの楕円形の個人風呂がある。この個人風呂の方が源泉のようで、温度もヌルめに設定されている。ここに浸かりながら外を眺めると、どこからか桜の花びらがハラハラと舞い落ち、湯船にピンクのワンポイントという彩りを加えてくれる。

チョーキモチイイ!!

湯自体は結構なヌメリがあり、肌にまとわりつくようなシットリさを覚える。もう一つの浴槽よりコッチの方がヌメリが強い。この景色にしてこの湯、独り占めとは贅沢極まりない。**チョーキモチイイ!!**

内湯側には大人2人でキツキツなほど小さなドライサウナがあり、源泉水風呂でクールダウン出来る。水風呂は人一人入るのがやっとな木の樽で、水も蛇口をひねって自ら張る仕組みなのだが、自分が入った時は既に水が張ってあった。屋号に鉱泉とあるように、源泉の温度は20℃以下なのだろうから、正しくここ本来の加温していない湯が楽しめた。

ネット上の口コミを見ると、狭いだなんだと書かれているのだが、確かに休日など人が5人も来たら窮屈だろう。しかし平日や泊まり客が利用しそうな夜を外せば大丈夫そう。立ち寄り利用では休憩場所に困るが、1時間の貸切部屋も入浴料込で3300円チョットなので、きっとこの湯を満喫出来るに相違ない。

秩父ホルモンの名店

秩父鉄道で御花畑駅に戻ると日が暮れ始めてきた。さて、ホルモンでも食べて帰りますか。

西武秩父駅までの間、聖人通りなる道路に秩父ホルモンの名店があると聞いたので、そこに行ってみることに。しかし、道路沿いに民家や駐車場があるのみで、それらしきお店が全く見受けられない。目を皿にして探すと、「**高砂**《たかさご》**ホルモン**」と書かれた看板のみが通りに出ていた。

はて、店はどこにあるのか？　看板が出ているビルの脇に路地があったが、そこにもそれらしき店は見つからない。狐にでも化かされたのか?と思った矢先、電柱に掲げられた広告に矢印が書かれているではないか。そこは駐車場に隣接するビルの裏手、民家との隙間。勝手口のようなアルミ扉に暖簾が掛かっているではないか！

マジ、ここ?

しかも、その超狭い通路に、待ち客が並んでいる。もうすぐオープンという時間。**開店待ちがこんなに**いるのかよ。列の最後尾につき、開店時間になると店の人が店内に案内を始めた。続々と人がアルミ扉に吸い込まれていく。皆さん飲み食いするようだから、ここと、自分の目の前で満席となってしまった。皆さん飲み食いするようだから、ここから1時間半は待つことになるのか。愕然としていると、ちょうど席を詰めたら空きが出来たので、滑り込めることに。ラッキー。

店内は既に煙がモウモウと立ち込めている。長いステンレスのテーブルが2列並び、そこに客がギュウギュウに詰まり、目の前の網でホルモンを焼き始めている。茶色く

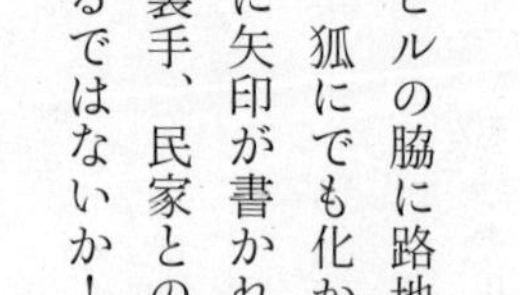
右奥にひっそりと暖簾が

燻《いぶ》された壁といい、これは**老舗の大衆酒場の雰囲気**そのもの。長年愛されてこないと出来ない空間だ。

席に着いて周囲を見渡すと、手書きの黄色い紙のメニューが壁に貼られている。見るとホルモン（白）350円を筆頭に、カシラ400円、ナンコツ450円と**激安**。ただ、この手の自分で焼く焼肉スタイルのホルモンは1皿が少ないところもあれば、異様に多い場合もあり、量が全く想像できない。周囲の既に出来上がってるオッサンらの卓上を見ると、**かなり量が多そう**だ。ただ、種類も多く何人分頼んでいるか分からない。とりあえず、カシラ・タン・ハツあたりを3～4種類見繕って、店中を忙しく駆けずり回る店員さんを捕まえて注文。

チューハイ400円を飲みながら待っていると、ホルモンが皿盛りでやってきた。やっぱり多かったか。でも、1つ1つが大きく、ブツ切り感が食欲をソソるから食えそう。ここの面白いのは、七輪がテーブルに埋め込むようになっているところ。丸く開いた穴に焼いた炭の入った七輪をセットし、その上に置いた網でホルモンを焼くなんて初めての体験だ。テーブルの上には軽くカーブして盛り上がった網だけが浮いている状態なのが、初見にはなんとも可笑しい。

七輪はテーブル埋め込み式

焼く前から鮮やかな赤い色味で新鮮そうだなと思ったが、焼いて食べてみると、シャコシャコとした歯ざわりで、新鮮さが素人にも分かる。表面の焼けた香ばしさと、中のジューシーさのコントラストが素晴らしいのはいうまでもないが、**特筆すべきはタレ**。醤油ベースで甘辛く、さらっとしつつも濃いめの焼肉タレというとどこにでもありそうな感じだが、ニンニクが効いていて、これがもう合わないわけがない。ホルモンだけでもどんどん食えるのに、さらにこのタレが加速度的に食うピッチを上げさせる。

ウマイウマイと食べていると、隣のオッサングループがおもむろに「これが旨いんだよ」とホルモン（白）を分けてくれた。聞くと地元客のようで、定期的に来ている常連団体という。こういうところが**秩父の本当の文化**なんだと力説していたが、常連の割に頼む量を誤り、余っちゃったのでコチラに分けてくれたようだ。酔っ払ってるから仕方ないか。

でも美味しかったので、追加はホルモン（白）とレバーとカシラで。白やレバーはネッチョリした食感はなく、これまたシャコシャコとした食感で、かちわりワインを飲みながら焼いていると、いつの間にか完食してしまった。さらに酔いが回るオッサン連に別れを告げ、店を後にした。

ボリューム満点！

埼玉の文化とは

それにしても、なんでこんなに**ホルモンとか味噌漬けが発達**したのだろう。

秩父味噌漬けについては、山間部の町だから猟師が捕獲したイノシシ肉を保存するために味噌漬けという手法が編み出されたというが、ホルモンについては諸説あり。二瀬《ふたせ》ダム工事の時に、大阪からきた関係者がはじめたとか、戦後に在日韓国人がはじめたとも言われている。

いずれにせよ秩父セメントはじめ、採掘の町で労働者向けの飲食として発展したのは十分考えられる話。西武秩父線に高麗《こま》という駅があるが、朝鮮の高麗《こうらい》が由来で、高句麗《こうくり》が滅亡する際、朝鮮半島から逃れた王族や難民といった生き残りが流れ着き、開拓したという歴史があるから、在日韓国人説もさもありなん。

なんにせよ、こうした山間部にホルモン文化が残り、観光ではなく地文化的に生き続けていることに感激せずにいられない。

秩父以外の、ここまで巡ってきた埼玉全体にいえることだが、**地域ごとの独自文化の強さ**には改めて驚かされた。これまで埼玉といえば、東京という絶対的な中心地にへばりつくような存在だから、都心で流行ったものが劣化して埼玉県民にも分け与えられるような、「おこぼれ文化」しかないと県民自身が思い込んできた。日本全体が欧米に追いつけ追い越せだった戦後の時代に、埼玉は東京に追いつけ追い越せで必死だった。

しかし平成に入ったあたりから、昭和のような経済成長が見込めないと分かってきて、東京が一番という幻想に付き合う必要がなくなった。そこで武蔵野うどんの店が増えるなどという、**埼玉の独自性**が頭角を現すようになり、県民自身が埼玉の良さに気づかされたのではないか。

東京発祥のムーブメントが郊外で独自進化するというような状況は、千葉でも神奈川でも同じだったかもしれない。しかし神奈川には横浜という、東京に対抗しうる歴史ある文化がある。千葉は埼玉に似て後から気づかされるパターンながら、海に囲まれていることによる文化が根付いていた。

埼玉はこの30年でようやっと、温泉もご当地グルメも豊富にあることに気づき、文化として発信できるまでになったように思う。今回、自分が魅力的と思う埼玉をピックアップして巡ってきたわけだが、それらは自分自身が埼玉で生まれ育ちながら近年まで知らなかったことばかりだ。しかし、埼玉の魅力を再発見なんてことをいうのは、現代人の勝手な思い込みで、秩父に武甲山が悠然と佇むが如く、自分が生まれるはるか昔からずっと**土地の人によって育まれた文化**があった。

これを読んだ今からでも遅くはない。ただ、そこにあるだけのものやことを、より多くの人に全身で存分に感じてほしいと、本著の最後にしてつとに思うのだった。

あとがき

秩父の章のラストでも書いたが、平成に入ったあたりから、埼玉の独自性が徐々に顕になってきた。それまでは東京の劣化ムーブメントを踏襲することがやっとの周縁地域で、まさしくダ埼玉だったわけだが、そうした状況は単に東京になりたい病を抱えていただけではなく、東京になり得なかったものがどうなっていくのか、その行く末を体現してきたのが、平成の埼玉だったように思えてならない。

いきなり、ナンノコッチャ分からないことを言い出したゾと思われたかもしれないが、いやマジメもマジメ、大真面目。東京は埼玉にこそ見倣うべきものがあり、近い将来の有り得べき姿を示していると思えてならない。どういうことか?

こういう話をする時、「外部」という概念をよく引き合いに出すのだが、東京という中心に対して、埼玉や千葉というのは、くっついている周縁地域であり、外部となる。しかし中心が中心たる華々しい魅力を失った時、外部はどうなったのかというと、中心を真似した要素が、周縁で生き残るすべを身につけて、地道に地元民に愛される形で土地に根付いていった。本著で取り上げたところでいえば、ラーメンショップやドライブインなどが該当する。これらのルーツは東京なのに、東京では成立しにくくなった商売モデルが、どうして埼玉では成立しているのか？

東京では地代も高いので、そう店舗や駐車場の面積を広く確保できない。その分、オフィス街などにあればお客さんはたくさん来るから同じことのように思えるかもしれない。だが、メディアなどでも東京の食のムーブメントが頻繁に取り上げられるのを目にするということは、それだけ流行り廃りが激しいということでもある。流行らなくなった店というのは、まぁ見るも無残なのだが、そういう商売があったねと回顧することもままならないほど、早々に撤退し、新しい店が入る。家賃が払えないからチャッチャと店を閉めるし、表の看板だけすげ替えて、別の業態にシフトチェンジするところも多い。別の店ができたと思いきや、経営は一緒だったりという事例が、平成の中頃から増えた実感がある。

ざっとこの10年20年くらい、東京の飲食店の状況はこんな感じなのだが、そりゃ埼玉だって、駅前も国道沿いもチェーン店ばっかかじゃないかと言われるかもしれない。確かにそうなのだが、全国展開する店に混じって、しれっと山田うどんや羅布乃瑠沙羅英慕、フライングガーデンがあるような状況は東京、特に23区内にはまずない。ローカルチェーン以外にも武蔵野うどんのようなご当地グルメや家族経営のドライブイン食堂だってまだまだある。

ここにしかないもの、わざわざ行かないと味わえないもの。かつては単なるチェーンだった店でも、それを獲得することで、独自の文化を花開かせた。東京に足りないものはコレなんじゃないかなと自分自身ずっと思っていた。しかしそれらはそもそも東京にあったもの。流行を追うばかりに、流行に乗るものとそうでないもので分断が生じたのではないか。後者にとっては地代の高さや再開発などで地に足の付いた商売が成立しにくい状況にあり、成立そのものが難しいことも要因としてあるが、文化として根付くまで根を張れなかったことが大きいように思えてならない。

前著で路地裏を徘徊したように、23区内にはもちろん魅力的な個人店は探せばまだまだある。月島のもんじゃが有名になったし、ほかに十条のからし焼きなどローカルグルメもいくつかあるが、郊外のロードサイドのような根付き方にまではなっていないのではないか。今これだけ自販機グルメが注目されているが、東京にあれだけアチコチにハンバーガーやトーストなどの自販機があったのに、なんで手放してしまったんだと悔しささえ覚える。

本来なら東京にまだあっていい面白味を、埼玉という外部に見出す結果になっている。埼玉のほうが文化的に豊かに思えてならない。これでは東京からの文化の流失ではないか。まさに、中山道や川越街道といった江戸期から残る人や物の動線を伝って流れ出てしまった。ふりかえれば、本著はその流れを辿る旅だったのかもしれない。

これを書いている今、コロナ禍で我々はこれまでの生活を見直さざるを得ない状況に置かれている。本著が発売された後、世間はどうなって、この状況を振り返ってどう思うのかは分からないが、個人店が苦境に喘ぐ只中にあって、今後個人店がこれまで以上に減少のスピードを上げていくことだけは確かだろう。

個人店での食事を楽しみたい者にとっては、そのスピードを少しでも緩やかにできないか、そのことで頭がいっぱいだ。もし収束後、個人店の在り方が問われるのであれば、是非とも東京は外部を獲得し、埼玉モデルともいうべき文化レベルでの地域密着性を獲得してくれないか。個人店が今後生き抜く活路はそこにしかないんじゃないかと結構オオマジメに考えている。埼玉を取り上げたことで、本著がその一助になることを願ってやまない。

今回、東松山など川越以北の東上線エリアや、所沢・飯能《はんのう》といった西武線沿線も取り上げ切れなかったし、埼玉のみならず千葉や神奈川、そして関東以外といったさらなる外部へと足を向け、その土地の文化を食べ歩いて行きたい。それを本に纏める機会に恵まれたら、またお会いしましょう。

２０２０年８月　刈部山本

参照文献

■木村聡『赤線跡を歩く』ちくま文庫
■『全国遊廓案内』日本遊覧社
■大野恵二『わが川越電車』

参照WEBページ

■川口市：川口市の概要・歴史 https://www.city.kawaguchi.lg.jp/soshiki/01010/020/6/2570.html
■荒川上流河川事務所 https://www.ktr.mlit.go.jp/arajo/
■サントリー：くらしと水「工業用水」 https://www.suntory.co.jp/eco/teigen/jiten/life/09/
■新東工業株式会社：鋳物とは？ https://www.sinto.co.jp/imono/about.html
■Retty グルメニュース：あまりにもディープ…西川口チャイナタウンが今すごく盛り上がってるって知ってた？ https://retty.news/34999/
■浅草酉の市：関東の酉の市 http://www.torinoichi.jp/link/link02.htm
■さいたま観光国際協会：スタミナラーメン https://www.stib.jp/stamina/index.shtml
■埼玉新聞：2019年9月2日(月)涙こぼれそう…丸広川越店の屋上遊園地、最後の日 思い出を懐かしみ長蛇の列 国内最後の屋上遊園地閉園 https://www.saitama-np.co.jp/news/2019/09/02/05.html
■川越湯遊ランド http://kawagoe-yuyu.com/
■日本山岳会：ラドン温泉って放射能がでてるの？ http://www.jac.or.jp/oyako/b5070a0.html
■行田市観光協会：フライ・ゼリーフライについて https://www.gyoda-kankoukyoukai.jp/furai.html

■ＴＢＳ：陸王　http://www.tbs.co.jp/rikuou_tbs/
■熊谷市：星川　https://www.city.kumagaya.lg.jp/kanko/midokoro/hoshikawa.html
■深谷市：旧煉瓦製造施設　http://www.city.fukaya.saitama.jp/kanko/rekishi/bunkazai/1434697261895.html
■埼玉県：中山道最大の宿『本庄宿』の再発見 vol.6　https://www.pref.saitama.lg.jp/b0111/midokoro-nakasendou6.html
■BemVindo ブラジル街：ミニショップブラジル　http://brasil-navi.net/shop_info106.html
■秩父市：登録有形文化財　http://www.city.chichibu.lg.jp/4024.html
■ごちそう埼玉：秩父市　http://www.smdc.or.jp/gochisou/chichibu/chichibu.html

参考個人サイト・ブログ

■関東、歴史旅行情報：鎌倉街道中道（川口宿〜大門）　http://www.eniguma49.sakura.ne.jp/kanntourekisiryokouzyouhoutop.html
■旧街道ウォーキング 人力：鳩ヶ谷宿（日光御成道－川口〜鳩ヶ谷）https://www.jinriki.info/kaidolist/nikkoonarido/kawaguchi_hatogaya/hatogayashuku/
■魅惑のチリルーム：東京発展裏話＃８ 日本最高のタワーを支えた基礎構造物〜ＮＨＫ川口ラジオ放送鉄塔跡〜　http://www.miwachiri.com/tokyo/0308_kawatwr.html
■Rail&Bikes：川越電気鉄道　https://hkuma.com/rail/kawadn01.html
■知の冒険：埼玉県熊谷にある色街・遊郭の歴史を巡って調査してみた！　https://chinobouken.com/kumagayairomachi/
■集落町並み Walker：熊谷遊里　http://www.shurakumachinami.natsu.gs/03datebase-page/saitama_data/

kumagaya/kumagaya_file.htm
■埼北つうしん：本庄市前原の「ミニショップ ブラジル」が閉店してた。 http://sai2.info/archives/20181209-01.html
■廃墟チャンネル：セメント工場 http://kaede472.web.fc2.com/ruins02_435.htm
■埼玉大学文化科学研究科梶島研究室：秩父地域おこしプロジェクト3セメント産業 http://www.kyy.saitama-u.ac.jp/~ohkubo/chichibu-holdar/web/report02_3.html
■東京DEEP案内：【悲劇】5人死亡の火災が起きた、さいたま市大宮区「大宮北銀座」の様子を見に行った https://tokyodeep.info/omiya-kita-ginza-kawaii-burned-out
■東京DEEP案内：セメントと織物産業で栄えた「秩父」の花街跡 http://tokyodeep.info/2010/12/14/130116.html
■歩鉄の達人：廃線探索 西武大宮線 https://www.hotetu.net/haisen/Kanto/081221seibuoomiyasen.html
■歩鉄の達人：日本煉瓦製造専用線 http://www.hotetu.net/haisen/kanto2/131027nipponrengaseizou.html
■『ぬけられます』あちこち廓探索日誌：埼玉県 本庄市20121２（再訪編）その1 https://blog.goo.ne.jp/erotomania_2006/e/b78ab5ad8e51912c570bac04d13a3bf5
■『ぬけられます』あちこち廓探索日誌：埼玉県 秩父市の町並み-2 https://blog.goo.ne.jp/erotomania_2006/e/9b0749da16bd5ed6e926cc2b0b676ac2
■古今東西散歩 http://kokontouzai.jp/blog/sanpo/
■レトロな風景を訪ねて https://retro.useless-landscape.com/
■旅は哲学ソクラテス http://furonavi.blog.jp/

知恵の森
KOBUNSHA

埼玉《さいたま》「裏町《うらまち》メシ屋《や》」街道旅《かいどうたび》

著　者—刈部山本（かりべ やまもと）

2020年　8月20日　初版1刷発行

発行者—鈴木広和
組　版—萩原印刷
印刷所—萩原印刷
製本所—ナショナル製本
発行所—株式会社光文社
東京都文京区音羽1-16-6 〒112-8011
電　話—編集部(03)5395-8282
書籍販売部(03)5395-8116
業務部(03)5395-8125
メール—chie@kobunsha.com

ISBN978-4-334-78789-9　Printed in Japan